大学生职业素养提升行动指南

耿石艳　著

武汉出版社
WUHAN PUBLISHING HOUSE

（鄂）新登字08号

图书在版编目（CIP）数据

大学生职业素养提升行动指南 / 耿石艳著. -- 武汉：武汉出版社，

2024. 8. -- ISBN 978-7-5582-6662-1

Ⅰ. G647.38

中国国家版本馆 CIP 数据核字第 2024UK3588 号

大学生职业素养提升行动指南

著　　者：耿石艳

责任编辑：黄　澄

封面设计：杨凤玲

出　　版：武汉出版社

社　　址：武汉市江岸区兴业路 136 号　　邮　　编：430014

电　　话：（027）85606403　　85600625

http://www.whcbs.com　　E-mail: whcbszbs@163.com

印　　刷：武汉鑫金星印务股份有限公司　　经　　销：新华书店

开　　本：787 mm×1092 mm　　1/16

印　　张：12.75　　字　　数：195 千字

版　　次：2024 年 8 月第 1 版　　2024 年 8 月第 1 次印刷

定　　价：68.00 元

关注阅读武汉
共享武汉阅读

前　言

　　大学生作为社会的新生力量，具有着无限的潜能和希望。在这个关键的成长阶段，他们不仅需要获取科学知识，还需要掌握一系列职业素养和能力，以便顺利融入未来竞争激烈的职场。为了更好地应对这些挑战和机遇，我编写了这本行动指南，旨在帮助大学生全面提升职业素养和发展潜力。

　　现代职场对大学生提出了更高的要求。除专业技能外，还需要良好的沟通能力、卓越的团队合作能力、优秀的时间管理能力以及强大的情绪管理能力。这些素养和技能将直接影响到一个人在职场中的表现和成就。因此，这本行动指南涵盖了各个方面，从职业生涯愿景的制定到自我效能感的提升，再到沟通能力、时间管理能力、团队协作能力和持续学习能力的培养，为大学生提供了全面的成长路径和实用建议。

　　职业生涯愿景作为第一章的主题，强调了构建清晰的职业目标和愿景的重要性。通过明确职业发展方向和期望，学生可以更有针对性地制订学习和发展计划，为未来的职业生涯打下坚实的基础。愿景板的运用则为学生提供一个视觉化的工具，帮助他们更好地了解和实现自己的职业愿景。

　　自我效能感是第二章的主要内容，这是一种重要的心理素质，直接影响个体在面对挑战和困难时的表现和信心。通过评估和提升自我效能感，大学生可以更好地应对各种职场挑战，培养积极的心态，增强自我发展的动力和信心。

　　职场沟通能力在第三章中被重点探讨。良好的沟通能力是在职场中成功的关键，因为在职场中，是免不了要与同事、领导、客户沟通的。本章将帮助大学生了解职场沟通的重要性，学习有效的沟通技巧，培养良好的人际关系，提升自己的职场影响力。

　　时间管理、情绪管理、团队协作等主题也在本指南中得到了详细的探讨。这些能力和技巧是职场生涯中不可或缺的一部分，通过学习和实践，大学生将建立起健康的职业生涯规划。

持续学习被认为是职业发展的基石。在快速变化的时代，只有不断学习和提升自我，才能保持竞争力并适应职场发展的需求。因此，本指南强调了持续学习的重要性，并提供了改进学习方法和搭建知识体系的实用建议，帮助大学生成为具备高水平职业素养的新一代人才。

希望本指南能成为大学生的职业成长伙伴，为他们的职业生涯规划和发展提供有力的支持与帮助。愿每位阅读者都能在这里找到实用的建议和有益的启发，以更加自信和坚定的步伐迈向自己理想的职业生涯。

目　录

第一章
构建职业生涯愿景

人生若没有规划，就像盲目漂泊的船，随时可能迷失方向。反之，有规划的人生则如稳健前行的航船，能准确避开风浪，最终安全抵达目的地。职业生涯愿景便是那盏指引你前行的明灯，它将以其精准的导航，帮助你顺利抵达人生的彼岸。

何为职业生涯愿景？如果将它比作一幅画，那么这幅画的每一笔都应该是对自己未来的设想，每一色都应该是你对未来的坚定期许。在这幅画中，你可以充分展现才华与能力，尽情憧憬美好的未来。这幅画的价值不仅在于其美观，更在于它所蕴含的深刻意义。它既是你前进的动力、追求的目标，也是你职业生涯中的导航灯。

职场顺境时，这幅画让你对未来更有信心，它激发你的热情，激励你积极行动；职场逆境时，它引导你驱散阴霾，重见光明。在面对困难时，这幅画赋予你勇气和力量，坚定你的信念；在疲惫无力时，它带来慰藉和温暖，让你找到内心的宁静与平和。

为了展现这幅画的生动与绚丽，你必须付诸实践，精心为其上色。在将愿景转化为现实的过程中，你所付出的每一分努力、每一次尝试，都代表着你向职业理想迈进的坚定步伐。唯有持续前行，这幅画方能充分展现其内在的价值与意义。从现在开始，就让我们共同用心描绘那幅代表我们职业生涯愿景的画吧！无论遇到多少困难和挑战，我们都要坚定信念，勇往直前。唯有如此，才能将梦想变为现实，使这幅生命之作真正绽放出光彩与魅力。

第一节 职业生涯愿景的作用

如今正处于一个多变、不确定的时代。面对这样的时代，美好的职业生涯愿景可以激励我们追求更美好的生活，为我们指引前进的方向，赋予人生意义，指导生涯行动。因此，找到那个让你心动的职业生涯愿景，并且将其应用在你的实际工作和生活中，以积极的态度应对一切不确定性，是入职前后都需要完成的基础作业。

职业生涯愿景不只是帮助你根据个人能力和资源找到一份工作，达到个人目标，更为重要的是帮助你深入了解自己，制订事业大计，筹划未来。比如在填报高考志愿时，你会问自己："我为什么选择这个专业？我毕业后想做什么？"当感到专业学习沉闷乏味、平淡无奇时，你会问自己："学这个专业有什么用？这个专业是否具有就业前景？我期望的大学生活应该是怎样的？"对未来的种种思考，为我们描绘了职业生涯愿景的轮廓。职业生涯愿景不仅仅是一份工作，它是你伟大梦想开始的地方，是你未来自我形象的一部分。它能够帮助你找到工作的真正意义，激发你的热情和动力。

一、职业生涯愿景可以帮助你找到人生的意义，实现职业目标

你是否感到人生没有什么意义和价值，感觉每天都虚度光阴？设想一下，如果你的工作不仅能养活自己，还能帮助别人，甚至可以对这个世界产生积极影响，那是何等振奋人心！职业生涯愿景可以赋予你生命的意义，让你的每一天都充满动力；可以帮助你发现人生价值，让你为追求目标坚定行动，并获得迎接挑战、突破困境的勇气。

《活出生命的意义》的作者弗兰克尔是一名心理分析师，他曾经辗转过7个纳粹集中营，其中就有臭名昭著的奥斯维辛集中营。弗兰克尔在集中营里观察到，那些找到生命意义和目标的人，即使面对极端的困境，也能保持积极的心态。他认为，这种寻找意义和目标的能力是人类内在的驱动力，也是人们能够在困难中坚持并找到自我的关键。基于他自己在集中营期间的经历与体悟，弗兰克尔提出了意义治疗理论。这一理论强调了人类对寻找意义和目标的内在需求，这种需求不仅存在于个人生活中，也贯穿于职业生涯的始终。因此，通过制定明确的职业生涯愿景，我们可以更好地应对职业中的困难和挑战，找到自我生命价值并实现职业目标。

二、职业生涯愿景可以帮你找到个人优势，明确个人定位

很多初入职场的人会感到迷茫和无所适从，他们只能通过不断的跳槽，尝试找到自己真正喜欢的工作，因为他们没有明确的职业生涯愿景。在竞争激烈的职场中，如果没有一个清晰的职业生涯愿景，往往会导致我们迷失方向，无法发挥自己的潜力，白白浪费了自己的大好时光。因此，清晰的职业生涯愿景就像一面镜子，能让你看清自己的优势和兴趣，助你塑造独一无二的个人优势。想象一下未来的自己——你希望自己成为什么样的人？这个问题看似简单，实际上蕴含着你对职业和对生活深层期望的理解。职业生涯愿景不仅是关于工作的选择，更是关乎你如何定义自己，如何激发个人潜能。当你开始构建自己的职业生涯愿景时，实际上也在探索和确认自己的身份。

职业生涯愿景帮助我们认清自己的身份，使我们在前行的道路上不受外界干扰，从而更加专注于内心的追求。构建职业生涯愿景的过程是一个自我认识的过程。你可以从探索自己的性格、兴趣和价值开始构建职业生涯愿景："我真正热爱什么？""我擅长什么？""我想要达成什么样的成就？"……回答这些问题将帮助你更清晰地了解自己，明确自己的定位。记住，每个人都是独一无二的，你的职业愿景也应该是独特的，反映了你最真实的自我。大学期间是确定职业生涯愿景和获得身份认同的宝贵时期，抓住这段美好的时光，勇敢追求梦想，不断挑战自我，从而实现个人成长。职业生涯愿景是引领你走向成功和满意生活的指南针。

三、职业生涯愿景可以帮你找到同行者，共同成长进步

人们常常在职场中感到孤单，认为身边的人都不理解自己，这可能导致他们在遇到一点困难时就选择退缩，甚至放弃。清晰的职业生涯愿景对建立紧密人际关系有着至关重要的作用，它不仅可以帮你找到同频的伙伴，还可以作为人际关系的黏合剂，就像一家优秀的企业，因其深厚的文化底蕴和正确的价值观，自然吸引那些与之志同道合、怀有共同理想与愿景的人才汇聚

一堂。这并非偶然，而是其企业文化所发挥的精准筛选作用所致。同样，职业生涯愿景不仅仅是个人的愿景，它还能帮你建立起与同龄人、导师甚至行业领袖之间的联系，让你更快地找到同行人。良好的人际关系网是你通往成功的重要途径，"一个篱笆三个桩，一个好汉三个帮"，在实现职业生涯愿景的道路上，我们需要不断地努力和追求，同时学会与他人合作和沟通，以实现我们共同的目标。

职业生涯愿景相近的人，更容易相互吸引、相互成就。在这个过程中，我们不仅可以获得职业上的成功，还可以建立深厚的人际关系，为我们的职业生涯带来更多的机会和可能性。

四、职业生涯愿景可以给你力量，让你对未来充满信心

人生总是会有曲折的，不可能永远一帆风顺，当你遇到了低谷、逆境时，是什么给你力量呢？职业生涯愿景就是使你快速振作的强大精神武器。有了清晰的职业目标，每一步都充满动力，就像你为了兴趣而努力学习一样，明确的职业方向会让你在工作中更加专注和高效。在职业生涯规划过程中，一个清晰的愿景对于提高个人能力至关重要，尤其是对于大学生而言，不能被读书无用论扰乱心神，更不能追求"躺平"，要积极向上，勇攀高峰，奋勇拼搏。

职业生涯愿景如同人生的指南针，它可以帮助我们找到前进的方向，激发我们内心的力量，从而更好地应对各种挑战；可以帮助我们专注长期目标，坚定信念，不断前行。通过对自己职业生涯的深刻思考和规划，我们能够建立一个清晰的愿景，为未来的努力和奋斗指明方向。这种明确的方向感赋予我们在职场中前行的动力，让每一步都走得更加坚定，每一次选择都更加明智。

职业生涯愿景是个体成长和发展的动力和源泉。在追求个人职业目标的过程中，我们需要不断学习，提升自己。职业生涯愿景不仅仅是一个遥不可及的梦想，更是我们迈向成功所需的能量。它激发我们迎难而上、勇

攀职业巅峰的勇气。通过努力学习新技能、不断完善自我，我们在实现职业生涯愿景的过程中获得的不仅仅是事业上的成功，更是个人成长的丰硕果实。

不仅如此，职业生涯愿景可以产生积极的心理影响。在职业道路上，我们时常会面临挑战和困境，这时，职业生涯愿景会成为我们心灵的支柱，为我们提供了一种超越困难的信念和动力，让我们在困境中看见希望，找到突破口。无论是工作中的压力还是职业发展的坎坷，坚定的职业生涯愿景都能让我们在逆境中坚持，相信自己能够克服一切困难。

总之，一个清晰的职业生涯愿景就像是一盏指引前行的明灯，它不仅为我们找到人生的意义和实现职业目标提供了方向，更帮助我们发现个人优势，明确个人定位。在这个过程中，我们不再孤单前行，因为职业生涯愿景也能帮助我们找到同行者，与他们共同成长进步。最重要的是，职业生涯愿景赋予我们力量，让我们对未来充满信心，勇往直前。在这个过程中，我们要始终保持积极向上的心态，坚定信念，奋勇拼搏。只要我们坚持不懈，就一定能够实现自己的职业生涯愿景，走向人生的巅峰。

第二节 学会构建职业生涯愿景

前面我们讲述了职业生涯愿景的四大作用，相信你已经跃跃欲试，希望早点儿找到属于自己的职业生涯愿景了。本节内容我们将通过以下四步构建出你理想的职业生涯愿景。

第一步：用价值观塑造职业生涯愿景。为了描绘出理想的职业生涯愿景，可以借助你的价值观来塑造和定义这个愿景。在这个过程中，我们对职业领域进行深入的探索和理解，以便构建一个既符合个人价值观，又能够实现职业目标的职业生涯愿景。

第二步：通过实地探索构建职业生涯愿景。这是非常关键的一步，需要我们对各种职业领域进行深入调研，与行业专家进行交流，并对相关职位进行详细的分析。通过这种方式，我们可以获得对职业领域的全面了解，并明确自己的兴趣和优势所在。

第三步：用MPS定位法定位职业优势，在构建职业生涯愿景的过程中，我们需要用MPS定位法来确保我们的职业目标与我们的价值观和兴趣相一致。MPS定位法是一种将个人价值观、兴趣和技能与职业目标相匹配的方法。通过这种方法，我们可以找到一个既符合我们价值观和兴趣，又能发挥我们技能的职业领域。

第四步：从人力资源视角构建职业技能发展路径。人力资源专业人士可以为我们提供关于职业发展的建议和指导，帮助我们了解不同职业领域的要求和趋势。通过这种方式，我们可以更好地规划自己的职业生涯，并为实现职业目标制订具体的计划。

一、用你的价值观塑造职业生涯愿景

在职业规划的道路上，明确价值观非常重要。因为价值观将引领你塑造一个符合个人期望的职业生涯愿景，尤其对于在校大学生来说，它有助于为其未来的职业发展道路做出有意义的抉择。

首先，你需要投入时间和精力来深入了解你的核心价值观。这些价值观可能包括个人追求的幸福、个人兴趣、个人对工作的舒适度或创造性的要求。每个人的价值观都是独特的，它们定义了你对工作和生活的期望，为了更好地理解自己的价值观，我们可以通过以下几种方法来进行自我审视：

第一，回顾过去的经历。回顾自己过去的经历，找出那些让你感到自豪和满意的时刻，分析你自豪或满意的原因，找出你的核心价值观。

第二，倾听他人的意见。与家人、朋友和导师交流，了解他们对你性格、能力和兴趣的看法。他们的观点或许能帮助你发现自己从未意识到的价值观。

第三，设定目标。在明确自己的价值观后，设定短期和长期的目标。这些目标应与你的人生愿景和价值观保持一致。

第四，评估现状。分析自己目前所处的职业环境，判断现有工作是否符合你的价值观。如果不符合，思考如何调整职业规划以实现内心期望。

在构建你的职业生涯愿景时，要充分发挥想象力，并尽可能多地记录下你梦想中的工作和生活状态。这些想象不应受限于现实的约束，而应反映你内心深处的渴望。通过这个过程，你可以发现一条真正反映你个人价值观和期望的职业生涯路径。当你的职业生涯愿景与你的内心期望和价值观相符时，它不仅可以激发你的热情和动力，还能提高你对未来职业道路的满意度。为了确保职业生涯愿景的可实现性，你需要将其分解为具体的阶段性目标，并制订相应的行动计划。在描绘职业生涯愿景时，我们尽可能地勾勒出我们想要的生活和期待的职业，并将所有能够想到的关键词、句子和元素都记录在纸上，这是我们构建职业生涯愿景的第一步。只有那些真正符合我们内心期望的职业生涯愿景才能激发我们的动力和热情。

二、通过实地探索来构建你的职业生涯愿景

在构建职业生涯愿景的过程中，全面且深入地了解感兴趣的职业至关重要。这不仅需要表面想象，更要深入研究和实地探索。尤其是对于在校大学生，以下几种方法可以帮助大学生更好地进行职业探索。

（一）全面了解工作的各个维度

这包括工作地点、通勤时间、薪酬水平、所需技能和专业领域、工作环境、同事关系以及具体工作内容等。这些因素在很大程度上影响了你的职业选择。此外，还要关注职业的发展前景和趋势，以便为自己的长远发展做好准备。

（二）积极进行实地调查和人物访谈

与从事你感兴趣职业的专业人士对话，可以为你提供宝贵的信息。通过这些交流，你可以了解他们的工作日常、工作地点、着装要求和实际工作内容等真实情况。同时，也可以参加行业交流活动，拓展人脉，结识更多业内人士，为自己的职业发展奠定基础。另外，你需要理性分析所收集的信息。这需要你结合自己的个人偏好、能力和长期职业目标，深入剖析这些信息。在这个过程中，可以采用SWOT分析等方法，全面评估自己的优势、劣势、机会和威胁，以便找到与自己匹配的职业方向。

（三）基于实际信息构建职业生涯愿景

根据你的调查结果来形成一个更加全面且现实的职业生涯愿景。这将有助于你更清晰地了解自己所追求的职业，从而做出更明智的选择。同时，也要关注职业规划的动态调整，随着自身发展和外部环境的变化，不断调整和完善职业生涯愿景。

通过对实际情况的深入探索和全面理解，你将能够从更加综合且实际的视角来塑造个人的职业生涯愿景。在此过程中，保持积极心态和养成持续学习的能力至关重要，相信你必定能够找到与自己相匹配的理想职业。

三、用MPS方法定位你的职业生涯愿景

MPS定位法起源于哈佛大学"最受欢迎的人生导师"泰勒·本-沙哈尔博士所著的《幸福的方法》，其目的在于协助我们在生活各个领域做出关键决策，以实现幸福美满的生活。MPS三个字母分别代表意义（Meaning）、快乐（Pleasure）和优势（Strengths）这三个核心要素，倡导个人深入挖掘内心世界，了解自身真实追求、兴趣爱好及独特优势。我们以一位学习通信工程的学生为例，详细解析如何运用MPS方法进行职业规划。

（一）思考意义（Meaning）

小王希望毕业后能在通信工程领域发挥所学，实现个人价值。在他看来，他觉得将自己的知识应用于实际工作中，不仅能满足自己的专业追求，还能在解决问题的过程中实现个人成长。

（二）关注快乐（Pleasure）

小王平时热衷于绘画，很喜欢参加各种社团活动，并且乐于与人交流沟通。这些爱好和特质让他在与人相处中找到了快乐，也为他未来的职业生涯增添了色彩。

（三）发掘优势（Strengths）

小王幽默风趣，具备出色的沟通能力，且人际关系处理得当，大家都很喜欢跟他打交道。这些优势使得他在人际交往方面具有很强的竞争力。

通过对这三个方面的综合分析，小王认识到，与人交往的工作既能带给他快乐和意义，也充分发挥了他的优势。于是，他开始关注销售和人力资源这两个岗位。经过深思熟虑，他最终选择了销售职位。在这个角色中，他得以充分发挥自己的沟通能力和专业素养，不仅实现了个人的职业生涯愿景，还找到了巨大的满足感和成就感。

总之，MPS定位法作为一种实用的职业规划工具，可以帮助个体找到既具有意义又令人愉悦的工作。通过分析个人的意义、快乐和优势，个体可以更加明确自己的职业方向，从而在职场中找到属于自己的位置。在这个案例中，我们看到了MPS方法的实际应用和显著成效。在未来的职业发展中，大家可以运用MPS定位法，找到与自己匹配的理想职业。

四、从人力资源视角构建你的职业生涯愿景

从人力资源的角度出发，深入研究和了解企业或行业对员工知识、技能及品格的期望，是实现职业生涯愿景和职业发展的重要一环。在招聘过程中，企业会明确表达他们对员工素质的要求，并在招聘启事中详细描述。比如一家公司想要寻找具有耐心、自信及抗压能力强的员工，他们往往会通过审查简历和面试来评估候选人是否符合这些要求。

明尼苏达工作适应理论起源于美国明尼苏达大学，由罗圭斯特和戴维斯

提出，简而言之，就是只有当工作环境能满足个人的需求（内在满意），个人也能满足工作的技能要求（外在满意）时，个人在该工作领域才能够得到持久发展。因此，当我们的知识、技能符合职业和岗位的需求时，组织会给予我们满意的回报。比如公司可能会提供晋升机会，帮助我们实现职业生涯愿景。因此，如果你有明确的职业生涯目标，应该积极获取更多信息，分析所需的知识、技能以及品格特质。

总的来说，要实现职业生涯愿景，我们需要探索适当的方法、技能和路径。了解企业或行业对员工知识、技能和品格的期望，有助于我们满足工作要求，实现职业生涯的持续发展。

第三节 用愿景板呈现职业生涯愿景

在大学这个梦想启航的港湾，每个人心中都藏着一个璀璨的梦想。然而，如何将这些梦想转化为现实呢？这里有一个充满魔力的秘密武器——愿景板。愿景板是一个充满色彩、图像和灵感的工具，它不仅是一个简单的画板，更是你内心梦想的视觉化呈现。通过愿景板将梦想转化为可视化的图像和文字，它能够让你清晰地看到自己的追求，激发内心的动力和创造力，从而实现自己的梦想。

一、愿景板的作用

愿景板的作用远比你想象得还要大，它可以帮助你实现以下几个目标。

首先，愿景板能激发你的动力与热情。将那些能激励你、点燃你心中热情的图像和文字放置于愿景板上，每天当你看到它们时，你会自然而然地感到一股强烈的动力驱使你前进。这些视觉化的目标提醒着你，你正在朝着自己心中的梦想迈进，使你更有信心去面对挑战、克服困难。

其次，愿景板有助于你明确自己的目标与方向。有时候，我们可能会迷失在生活的琐碎之中，忘记了最初的梦想和目标。而愿景板就像一个灯塔，始终照亮着前方的道路，提醒你不断前行。你可以将自己的短期、中期和长期目标都记录在愿景板上，时常回顾，以便不断调整自己的行动方向和计划。

再者，愿景板也是一种自我激励的方式。当你遇到困难或挫折时，看看愿景板上的那些美好愿景，你会发现自己其实已经拥有了很多值得珍惜的东西，而眼前的困难只是暂时的。这种自我激励的方式会让你更加坚强、勇敢，从而战胜一切困难。

最后，愿景板也是一种记录和分享的方式。你可以将自己的愿景板分享给家人、朋友或同事，让他们了解你的梦想和目标。同时，你也可以记录下自己在实现这些目标的过程中的点滴进步和收获，这将是你人生中宝贵的财富。

总之，愿景板的作用不可小觑。它不仅可以激发你的动力与热情、明确目标与方向，还可以作为一种自我激励、记录与分享的方式。因此，不妨尝试制作一个属于自己的愿景板，让它成为你实现梦想道路上的得力助手。

二、愿景板的制作

如何打造一个具有独特个性的愿景板呢？可以分为以下六个步骤。

（一）深入思考，树立理想

从小到大，你或许有很多理想，在进入大学后，你可以对它们进行一番梳理，对每种理想实现的前提条件、社会资源（人脉）、个人能力、时代所需、发展潜力，以及个人价值等进行深入思考，明确自己在职业发展、个人成长等方面的追求，树立理想。比如你的理想是成为一名作家，那你理想实现的前提条件是具有深厚的文学素养，见多识广，人情练达等。

（二）寻找灵感，准备素材

在日常生活中，我们可以从各种渠道获取灵感，比如阅读、旅行、交流等。收集代表你目标的图片、格言或任何能激发你内心热情的元素，为你的愿景板注入灵魂。这些元素可以是从网络上找到的图片、自己的原创作品或者其他具有意义的物品。

（三）发挥创意，描绘愿景

在设计愿景板时，充分展示你的个性和创意。将这些收集到的材料按照你的风格和喜好进行排列，可以选择实体的画板或者数字版面，根据你的需求进行定制。

（四）突出展示，彰显愿景

完成愿景板的设计后，将其放置在显眼的位置，比如贴在宿舍墙壁上、放在书桌旁或者设置为电脑屏幕等，以便时刻提醒自己努力追求目标。同时，也是在向他人宣告你的伟大愿望，让他们作为见证者，激励你奋进。

（五）沉浸激励，持之以恒

每周在固定时间观察你的愿景板，想象自己已经实现了这些目标，并感受这些愿望已经成为现实的喜悦与激动。愿景板代表的是一个长期的目标，需要我们持之以恒地付出努力。在面对困难和挫折时，要有坚定的信念和毅力，相信自己一定能够实现梦想。

（六）定期回顾，更新调整

在实现愿景板的过程中，定期回顾自己的目标和计划，检查自己的行动是否与预期一致，对于未能按计划进行的部分，要及时调整策略，确保自己始终朝着目标前进。与志同道合的朋友一起交流，互相激励，共同为实现梦想而努力。与他人分享你的愿景板时，要倾听他们的意见和建议，并且根据进度和条件，适当地调整愿景板。

我们要注意，愿景板充分发挥作用的关键是：它是专属于你的愿景，能反映你的理想，能够给你带来热情和力量。在逐步实现职业生涯愿景的过程中，你能真正感受到成功的喜悦与快乐，体会到愿景规划带给你的改变。

第四节 构建职业生涯愿景行动蓝图

经过前面几个步骤，相信你心中已经有一幅职业生涯愿景的画卷正徐徐展开。这是一个由你一手描绘的世界，其中充满无尽的可能和令人振奋的挑战。你看到自己站在一座高峰之巅，手中挥舞着胜利的旗帜；你看到自己穿越一片茂密的森林，每一步都充满了未知的危险；你看到自己在一片辽阔的平原上，与志同道合的人们一起奋勇向前；你还看到自己奋斗的身姿，在每一道曙光中熠熠生辉；你看到自己的笑容，在每一个晴朗的日子里，如阳光般温暖；你看到自己的步伐，在每一段旅程中，坚定而有力。

你的职业生涯愿景是如此的鲜活，如此的真实。它就像一团熊熊燃烧的火焰，在你的心中燃烧着，照亮你的道路。它就像一道清泉，在你的旅途中滋润你干涸的心田。现在，是时候让这个愿景实现了；是时候让你的每一个梦想、每一个目标，都变成现实中的一部分了；是时候让你的愿景照亮你的道路，指引你方向了。

在职业生涯愿景实现的旅途中，可能会有困难和挫折，但请记住那只是走向成功道路上的绊脚石；可能会有痛苦和磨难，但请相信这些都是成长过程中的磨砺。你的职业生涯愿景是一幅美丽的画卷，等待你去完成；你的职业生涯愿景是一首未完成的歌，等待你去唱完。用你的行动和决心，让这幅画卷更加绚丽多彩，让这首歌更加动人心弦。

一、梦想成真：大学生如何实现职业生涯愿景

大学，作为知识的殿堂，是充满活力和梦想的地方。每个梦想和愿景都

值得追求和实现。那么，作为充满朝气的大学生，应该如何着手实现这些梦想呢？将愿景转化为行动蓝图是实现梦想的关键步骤。这个过程需要学生深入思考、明确目标，并制订具体的计划。将你的愿景板转化为行动蓝图需要分以下八个步骤进行。

（一）确定目标

从你的愿景板中挑选出最重要的目标，并将其写下来。确保目标可衡量，并列出明确的时间表和具体的步骤。比如你希望在专业领域成为佼佼者，那就需列出具体目标。

（二）制订计划

为实现这个目标，你需要制订一个详细的计划。这个计划应该包括具体的步骤、时间表、任务分配和预期结果。比如你希望建立一套与专业相关的信息搜集整理系统，那么为完成这个目标就应该制订计划，包括工作架构、人员分工、技术（资源）来源、阶段任务与时间节点、效果评估、系统使用与维护等。

（三）分解任务

将计划分解成可管理的任务，并为每个任务设定截止日期。这样可以帮助你更好地跟踪进度并确保按时完成任务。所谓的分解任务，是目标比较大、任务比较多，需要将任务分解为多个小任务或多个阶段性任务。这时，要么多人协作分头工作；要么单人多日完成，把任务分成阶段目标逐步完成。

（四）制定优先级

多个任务压在一个人身上时，就需要制定优先级。确定任务的优先级，以便在有限的时间内做出最佳的决策。对于一些不重要或不紧急的任务，可以将其推迟或取消，这样可以确保全部的时间和精力都投入最重要的任务。

（五）建立里程碑

在计划中设置一些关键的里程碑，以便跟踪进度并确保按计划进行。这些里程碑可以是小的阶段性目标，也可以是大的项目节点。每达到一个里程碑，你就可以给自己一个小奖励，以提高积极性。

（六）定期回顾

定期回顾你的行动蓝图，以确保你正朝着目标前进。对于一些需要调整的地方，要及时进行调整，这样可以确保你的计划始终与实际情况相符。

（七）寻求反馈

在实现目标的过程中，寻求他人的反馈可以帮助你更好地了解自己的进展，并为自己提供有价值的建议。你可以向朋友、家人或专业人士请教，他们的意见可能会给你带来新的启发。

（八）激励自己

在实现目标的过程中，要给自己一些奖励和激励，以保持自己的积极性。这可以是奖励自己一些小礼物，或者与家人和朋友一起庆祝等。当你感到疲惫或灰心时，这些激励会帮助你重新振作起来。

通过以上八个步骤，你可以将愿景板转化为行动蓝图，并逐步实现自己的目标。实现目标需要耐心、决心和努力，只有坚持下来，最终你才会获得自己所追求的成功和成就。

二、持续学习和成长，提升自己的能力和素质

职业生涯是一段充满变数和挑战的旅程，它要求我们具备适应变化和不断学习的能力。职业生涯也是一个动态的过程，需要随着个人的成长和外部环境的变化而调整。这意味着我们需要始终保持敏锐的洞察力和灵活性，以应对不断变化的工作环境和行业需求。我们要定期评估和调整自己

的职业生涯愿景，这就像定期校准地图一样，以确保我们的职业发展方向正确无误。周期性审视、评估自身的职业发展路径和成长历程，不仅有助于我们了解已取得的进展，而且可以根据实际情况调整既定策略，以达到更好的效果。

现代社会发展迅速，新技术和新知识层出不穷。要想在激烈的职场竞争中保持领先地位，终身学习至关重要。我们应将学习视为一种生活方式，不断提升自己的技能，跟上时代的步伐。只有这样，我们才能在职场中游刃有余，应对各种挑战。此外，实现职业生涯愿景的过程中，保持积极的心态和韧性是必不可少的优良品质。面对挑战和逆境时，我们需要让自己保持积极的心态，并不断寻找前进的动力和解决方案。这种心态的培养可以帮助我们在职业生涯的道路上走得更远。

总之，想要获得职业生涯的成功并非一蹴而就，而是一个持续调整、学习和成长的过程。我们需要保持灵活性，不断评估和调整自己的职业生涯愿景，以适应个人和外部环境的变化。在这个过程中，我们要学会适应变化，勇敢面对挑战，不断超越自己，最终实现职业生涯的美好愿景。

三、建立良好的人际关系，拓展职业发展的机会和资源

在追求职业生涯愿景的过程中，建立良好的人际关系是职业发展中至关重要的一环，尤其是那些与你同行业或同兴趣领域的相关人士。这不仅能为你提供更多的学习机会和专业见解，还能为你开辟更广阔的职业发展道路。要实现这一目标，需要采取一系列有针对性的行动。

参加行业会议、专业研讨会等活动是扩展人际关系的有效途径之一。这些活动汇聚了行业内的专家、同行，以及各个产业链上下游的关键人物。通过参与这些活动，不仅可以结识业内大咖，还能与同行交流经验、分享见解，甚至可能找到潜在的合作伙伴或导师。这种直接的交流和互动有助于建立起真正有价值的人脉关系网，为你的职业发展增添新的机遇。

寻找一位经验丰富的导师或职业教练对于职业发展也是至关重要的。

导师或教练不仅能够给你在职业生涯规划和发展方面的建议，还可以基于自己的经验和见识为你提供个性化的帮助。他们可以帮助你识别自身的优势和劣势，指导你如何克服职业道路上的障碍，并为你提供宝贵的职场资源和机会。与导师或教练建立起紧密的关系，不仅可以加速你的个人成长，还能为你未来的职业发展奠定坚实的基础。为了更全面地拓展人际关系，你还可以考虑通过社交媒体平台建立你的专业网络。在数字化时代，社交媒体是一个强大的工具，可以让你与行业内的专业人士保持联系，分享你的专业见解，以及获取行业动态的最新信息。定期更新你的社交媒体资料，展示你在职业发展中取得的成就和经验，也是一个重要的步骤。这样，你能够让潜在的合作伙伴、导师或雇主更清晰地了解你的专业背景和价值观，为未来的合作打下更好的基础。

总之，建立良好的人际关系是实现职业愿景发展的关键一步。通过积极参与行业活动，结识业内关键人物，以及与导师或教练建立起有效的合作关系，同时利用好当下流行的社交媒体，将更有可能在职场中脱颖而出，实现自己的职业目标。

四、建立积极乐观的个人品牌

在当今竞争激烈的职场环境中，个人品牌的价值愈发凸显。它不仅是我们专业水准、业绩表现以及价值观的生动体现，更是决定我们在职场中地位与影响力的关键因素。因此，要想在这个竞争激烈的舞台上脱颖而出，塑造和强化个人品牌成为至关重要的任务。

（一）专业技能的提升是塑造个人品牌的基础

在不断变化的职场中，我们需要与时俱进，不断学习新的知识，提升自己的技能。参加各类专业培训、行业研讨会，以及阅读相关书籍，不仅可以更新自己的知识储备，还可以与同行进行交流，拓宽自己的视野，提高竞争力。

（二）取得显著的业绩是打造个人品牌的重要一环

在职场中，我们需要树立明确的目标意识，制订良好的计划，并付诸高效的执行力，以实现自己的职业目标。只有坚持不懈地努力，才能赢得他人的认可与尊重，从而提升个人品牌的价值。此外，个人价值观的传播也是塑造个人品牌的重要手段之一。明确自己的核心价值观，并通过言行举止向他人传递价值观，不仅可以树立自己在职场中的形象，还可以吸引更多志同道合的人，为自己的职业发展带来更多的机遇和支持。

（三）勇于承担责任是职场晋升的关键品质

面对各种挑战和困境，我们要敢于担当、勇于面对，这样才能不断成长，走向更高的职位。主动承担责任，展示自己的能力和价值，是获得更多发展机会的基础。同时，我们要学会合理分配时间和精力，确保个人成长与生活的平衡。只有在履行责任的过程中保持良好状态，我们才能迎接各种挑战。同时，保持积极的态度至关重要。在面对职场挑战和困难时，要保持乐观、自信的心态，积极应对问题，将困难视为成长的机会。关注情绪和心理健康，学会调整心态，确保在困境中保持积极向上的态度。

综上所述，塑造成功的个人品牌需要我们在专业能力、业绩、职业道德和心态等方面努力。这种持续的努力和不断的自我提升，是建立和巩固个人品牌的关键。通过专业技能的不断提升、卓越的业绩表现、积极的沟通与合作，以及积极的心态和价值观，我们能够在竞争激烈的职场中脱颖而出，赢得更多的信任和机会。

【本章小结】

职业生涯愿景是对未来职业发展的期望和描绘，它有助于我们找到工作的真正意义，激发热情和动力，明确人生的意义。它不仅是我们职业发展的指引，也是我们人生价值的体现。构建职业生涯愿景是一项巨大的工程，你可以花一段时间认真思考、甄别理想，在基础通识课程学习阶段制定出职业生涯愿景雏形，在专业学习阶段进一步细化。首先，我们需要塑造和定义个人的价值观。价值观是我们选择职业道路的基石，包括对幸福的追求、工作的舒适度或创造性等方面的期望。我们可以通过反思过往经历、倾听他人的意见、设定短期和长期目标，以及评估现状等方式明确自己的价值观。其次，我们可以运用MPS定位法。MPS定位法从意义、快乐和优势三个方面进行自我评估，帮助我们找到既能满足内心需求，又能体现个人优势的职业。此外，从人力资源的角度出发，了解企业或行业对员工知识、技能和品格的期望，也能帮助我们在寻找合适的工作岗位或寻求晋升机会时做出更明智的选择。

在明确了职业生涯愿景后，我们需要制订具体的计划来实现它。这包括分解任务并制定优先级，定期回顾进展，寻求他人的反馈，激励自己不断前行。同时，保持学习的心态，建立良好的人际关系，以及树立积极乐观的个人品牌，都是实现职业生涯愿景的关键。对于大学生来说，绘制愿景板是一个有力的工具。它可以帮助我们明确目标，激发潜能，保持动力。将职业生涯愿景与专业学习、人脉积累、个人职业品牌塑造结合起来，构成了大学阶段职业生涯愿景的生动实践图景。这样的愿景实践既是可行的生涯探索，也是有力的生涯发展铺垫。希望通过本章的学习，大家都能轻松构建自己的职业生涯愿景，勇敢地走向人生的目标航道，顺利到达终点。

第二章
培养自我效能感

我们常常面临各种挑战和困难，有时会感到力不从心，甚至怀疑自己的能力。此时，我们需要了解一个重要的概念：自我效能感。自我效能感是美国心理学家阿尔伯特·班杜拉在20世纪70年代提出的一个重要概念，指的是个体对自己在特定情境中能否完成特定任务的信心和期望。自我效能感包括两个方面：结果预期和效能预期。结果预期是指个体对自己的某种行为可能导致什么样结果的推测；效能预期是指个体对自己实施某种行为的能力的主观判断。它在个体的行为、动机、认知过程和情感过程中发挥着至关重要的作用。

在行为层面，自我效能感直接影响个体在面对挑战时的应对策略。自我效能感较高的人往往会采取积极的态度，将困难视为成长和提升自我的机会，从而更容易克服挑战。相反，自我效能感较低的人，可能会感到恐慌和不安，将挑战视为威胁，甚至采取逃避的策略。

在动机方面，自我效能感影响着个体为实现目标所付出的努力程度。当个体自我效能感较高时，他们会更加投入，充满干劲，努力实现目标。然而，自我效能感较低的个体可能会出现消极怠工，甚至放弃目标的情况。

在认知过程中，自我效能感也影响着个体的思维模式。具有较高自我效能感的个体在面对困难时，更能够保持积极的思维模式，寻求解决问题的方法，而自我效能感较低的个体则容易陷入消极思维模式，从而阻碍问题的解决。

在情感层面，自我效能感对个体的心理健康产生深远影响。当个体怀疑自己应对环境威胁的能力时，他们会感到恐慌、焦虑，甚至产生退缩和防御行为。这些行为限制了个人成长，妨碍了个体在生活、工作和学业中的能力的发挥。

在职场中，自我效能感可能会影响到工作态度和工作绩效。具有较高自我效能感的员工更容易保持积极的工作态度，面对压力和挑战时表现出更强的适应能力，从而提高工作绩效。具备较高自我效能感的人对工作充满信心，不易受挫折与困难影响，更能勇敢面对挑战。他们往往会以乐观、积极的态度应对困难，有效调整心态与情绪，从而更好地适应工作环境。当一个人深信自己能胜任工作时，会投入更多努力，积极解决问题，迎接挑战，从而提高工作质量和效率，赢得他人认可与赏识，提升个人职业形象和影响力。同时，自我效能感与职业动机和职业满意度密切相关，有助于个人职业发展和晋升。因此，我们应该关注自我效能感的培养，通过积极的心理调适和行为实践，不断地提升自我效能感，从而更好地应对学习、工作、生活中的各种挑战。

第一节 自我效能感评估

当人们面对生活中的挑战时，较高的自我效能感使我们充满信心和勇气，这是一种重要的内在支持。然而，自我效能感不足常常影响着我们的生活。这种现象不仅会给我们的人际关系、事业发展带来不利后果，还有可能影响我们的心理健康。

在工作中，自我效能感不足的人往往对自己的能力和表现缺乏信心，从而导致工作效率下滑，甚至影响到与同事和上司的关系。由于过分害怕失败，他们可能会回避那些具有挑战性的工作任务，从而限制了个人成长。在面对困难时，他们容易产生挫败感，从而降低了解决问题的积极性。

在人际关系方面，自我效能感不足的人在与他人沟通时，可能会表现得紧张、拘束，不敢表达自己的观点和需求，进而导致人际关系紧张。在做事情的时候，他们过分依赖他人，希望从他人身上获得肯定和支持，以弥补内心的不安全感。然而，在人际关系中，一旦遇到挫折，他们可能会对自己产生负面评价，进一步削弱自我效能感。此外，自我效能感不足还会带来一些心理问题。这类人常常感到焦虑，担心自己无法完成任务或满足他人的期望。在面对困境时，他们容易产生抑郁情绪，觉得自己无法摆脱现状。他们经常对自己持有负面的评价，认为自己难以胜任任何任务。那么，如何判断自我效能感水平的高低呢？这里有一份测试题，我们可以通过这份测试题来评估一下。

以下是一系列你在大学生活中可能遇到的各种情境和任务的陈述。请仔细阅读每个陈述，并根据你的真实感受，在相应的数字上打钩（√）。数字1表示你完全不同意该陈述，数字5表示你完全同意该陈述，从数字1～5代表你的认同程度逐步加深。

表2.1 大学生活各种情境和任务陈述调查表

序号	陈述	认同度
1	我相信我能有效地管理我的学习时间	□1□2□3□4□5
2	在课堂上主动发言或提问，我感到很有信心	□1□2□3□4□5
3	我相信自己能够独立完成复杂的课程作业或项目	□1□2□3□4□5
4	与同学合作完成任务时，我通常能发挥积极作用	□1□2□3□4□5
5	在面对学习挑战时，我通常能保持积极和自信的态度	□1□2□3□4□5
6	我相信自己能够成功应对大学的各种考试	□1□2□3□4□5
7	在参与课外活动或社团时，我感到自己能够有所贡献	□1□2□3□4□5
8	在寻求帮助或支持时，我感到自己能够坦然面对自己的不足	□1□2□3□4□5
9	我相信自己能够处理大学生活中的压力和挫折	□1□2□3□4□5
10	在与同学或老师沟通时，我能够清晰地表达自己的观点	□1□2□3□4□5

在完成所有题目后，将每道题目的得分相加，即可得出总分。然后根据总分所在的区间，判断自己的自我效能感水平的高低。若总分位于1～20分区间，说明目前自我效能感处于一个较低的水平。但是，这只是一个暂时的评估结果，自我效能感是可以提高的。若总分在20～40分区间，说明目前自我效能感处于一个较为稳定的水平，但仍有一定的提升空间。总分超过40分，说明目前的自我效能感较高，在面对生活中的挑战时，能更好地发挥自己的潜能。

第二节 影响自我效能感的因素

看到自我效能感评估的结果，你可能会疑惑，为什么当前的自我效能感如此低？到底是什么影响了它？在我们生命的旅程中，自我效能感是推动我们前进的不可或缺的力量。这种力量并非静止不变的，它会随着时间和精力的变化而动态变化，它受到环境的塑造和我们经历的影响。心理学家阿尔伯特·班杜拉的研究揭示了自我效能感形成的四个关键因素，即成败经验、替代经验、社会激励，以及情绪状态。

一、成败经验

成败经验指的是个体在各类活动或挑战中所经历的成功或失败。这些经验对个体的自我效能感形成有着重要的影响。常见的成功经验包括在学习、工作或其他活动中取得优异成绩，努力得到他人认可，在面对困难时展现坚定意志等。这些经历对个体的成长和自我提升起着积极推动作用。成功经验会增强个体对自己能力的信心，而失败经验则可能降低自我效能感。研究发现，个体如何解释成功或失败的原因也会影响自我效能感。如果个体将成功归因于内部、稳定和可控的因素，比如努力和能力，成功的经验将更有可能提升自我效能感。相反，如果个体将失败归因于内部、稳定和可控的因素，失败的经验将更有可能降低自我效能感。同时，某个领域或任务中的成功经验可能泛化到其他领域或任务，进而提高整体的自我效能感；失败经验也可能导致个体在其他领域或任务中的自我效能感降低。如何提高成功的概率以此来提升自我效能感？我们可以从以下几个方面着手。

（一）细化目标

确保目标具体、可衡量、可实现。将目标细化为明确、可操作的步骤，这可以使我们更清晰地了解需要达到的目标，提高成功的可能性。确保目标既有挑战性，又切实可行，这样在逐步取得成功的过程中，我们的自我效能感会提高。

（二）不断提升专业能力和知识水平

在这个快速发展的时代，我们需要不断学习、培训和实践，以提升专业能力和知识水平。这样，我们才能在工作和生活中迎接更多挑战，把握更多成功机会。

（三）积累成就感，给予自己正向反馈

每个人都有自己的优点和长处，我们需要有意识地挖掘和发挥这些优点。每当完成一个目标或解决一个问题时，都要给予自己积极的反馈，比如给自己一份小小的礼物或一句自我肯定的话语。这样，我们就能不断地积累成就感，提升自我效能感。

（四）主动寻求挑战，挖掘自身潜力

舒适区是我们提升自我效能感的障碍。我们需要主动寻求具有挑战性的任务或项目，勇敢地走出舒适区，主动投身到社会实践。在挑战中，我们会面对压力，但同时也会拥有更多成长机会。通过自我挑战，我们能够挖掘自身的潜力和才能，创造更多的成就经验。

以上四个方面，可以帮助我们在达成目标时更容易获得阶段性的成功，进而可以提升我们的自我效能感。此外，失败经验可能导致信心丧失，甚至彻底放弃。以新手驾驶员为例，初次上路即遭遇操作失误导致追尾，可能使其对自身的驾驶能力产生怀疑，从而不敢开车出门。在工作中遇到挑战时，经过多次尝试仍未能克服，个体的自我效能感可能急剧降低。面对失败，我们可以从以下几方面入手吸取教训，为下一次的尝试做好准备。

第一，保持理智的思维至关重要。在失败面前，我们容易陷入沮丧、懊悔和自责的情绪之中。这种情绪化的状态会使我们看不清问题的本质，进而影响我们的判断力和决策能力。因此，我们需要学会冷静下来，以客观的角度分析失败的原因。这不仅能帮助我们找到问题的症结，还能让我们避免在同一问题上再次犯错。

第二，深入挖掘失败的原因。失败往往并非偶然，而是在一定程度上反映了我们的不足。在这种情况下，我们需要认真反思自己在实现目标过程中的言行举止，找出存在的不足与问题。这包括技能水平的提升、心理素质的培养、沟通协作能力的提高等。只有正视自己的不足，我们才能有针对性地进行改进，为成功奠定基础。

第三，及时总结经验教训。在失败中，我们往往能发现许多宝贵的经验和教训。这些经验和教训有助于我们更好地认识自己、了解他人，以及调整策略、提高效率。因此，在每次失败后，我们都要认真总结，把教训变成自己的财富。这样一来，每一次失败都是一次成长的契机，都能让我们更加接近成功。

第四，主动寻求帮助。我们应主动与亲朋好友交流。在面对困境和挑战时，他们的支持和建议对我们的成长具有极大的帮助。向他们阐述自己的困境，不仅能让我们得到心理上的慰藉，也能从他们的经验中找到解决问题的方法。同时，这也有助于我们拓展人际关系，为今后的发展创造更多机会。

二、替代经验

在心理学领域，根据阿尔伯特·班杜拉提出的观察学习理论，个体是通过观察他人的行为和后果来获得部分行为习得的。观察他人的经验对于个体的自我效能感能产生重要影响。当我们观察到与自己相似的人成功时，我们对于实现相同目标、完成相同任务的信心会增强。然而，如果我们目睹他们的失败，尤其是经过艰苦努力后的失败，我们的自我效能感也会降低，对自己的成功可能失去信心。这种现象被称为"替代经验效应"。

另外，当个体对某方面的能力缺乏现实的评估依据或知识时，替代经验对其自我效能感的影响尤为显著。以娟娟为例，她是一位新婚妻子，但是她特别不擅长烹饪，连简单的饭菜都不会做，觉得自己永远做不出妈妈的味道。然而，有一次她去闺密家，看到闺密正在通过观看网络视频学习包粽子，而且包得有模有样。她深受鼓舞，心想："既然她都能把粽子包得如此出色，那我也能做到。"回家后，她便买了糯米和粽叶，边看视频边学包粽子，通过不断尝试，成功地学会了包粽子。这让她的自我效能感倍增，开始不断地学习新花样，很快成为一个烹饪高手。

为了进一步提升自我效能感，我们可以主动去寻找那些在某些方面表现出色且与我们相似的个体作为榜样。这些榜样可以是生活中的实际人物，也可以是媒体中呈现的角色。仔细观察他们的行为和策略，分析他们是如何应对挑战、解决问题并取得成功的，总结和提炼在类似情境下可以运用的技能和知识，以后再遇到类似的情境，尝试模仿他们的行为，并在实践中不断调整和改进，以提升我们的自我效能感。

三、社会激励

社会激励是指来自社会环境和他人对个体的行为与成就所给予的积极反馈、认可、鼓励、支持。这种激励可以来自各个方面，包括家庭、朋友、同事、老师、领导等。它的形式可以是口头上的称赞、鼓励，也可以是实际行动上的支持、帮助或提供机会。社会激励对自我效能感的影响主要体现在以下几个方面。

（一）强化自信

当我们得到他人的认可和支持时，我们的能力和价值得到了肯定，从而增强了自信心。这种自信心的提升使我们更有信心去完成任务或实现目标，进而提升了自我效能感。

（二）赋予动力

社会激励为个体注入前进的动力。当我们发现自己的行为或成果受到他人的关注和认可时，我们会更有动力去持续努力，追求更高的目标。这种动力不仅有助于克服挑战和困难，也有助于在面对失败时保持积极的态度。

（三）塑造价值观

社会激励还能影响个体的价值观。当我们受到他人的赞扬或鼓励时，我们可能会更加重视被认可的行为或品质，进而在日常生活中更加关注这些方面的发展。这种价值观的塑造有助于形成积极的自我认知和行为模式，进一步提升自我效能感。

社会激励是提升个体自我效能感的有效途径。在现实生活中，积极地利用社会激励是非常重要的。当积极地利用社会激励时，我们可以采取一系列行动将其效果最大化。

第一，主动寻求反馈与建议。主动向他人请教，寻求针对自己行为和成就的反馈与建议。这有助于我们更全面地了解自己的优点和缺点。接受他人的意见，将其作为改进的动力，使自己更加适应不断变化的环境。

第二，找到同频伙伴。与同频伙伴建立联系，共同分享目标和成就。这不仅可以增强彼此的信任感，还能够营造一个积极向上的氛围。在面临挑战时，他们将成为我们强大的后盾，给予我们支持和鼓励，促使我们更加坚定地追求目标。

第三，远离负能量的影响。谨慎选择交往的人群，避免与消极的人过度接触。与那些持负面态度的人保持距离，以免被负能量所影响。保持积极的心态有助于更好地应对生活中的挑战，从而能提升自我效能感。

第四，分享目标和成就。主动与他人分享自己的目标和成就，不仅有助于坚定自己的方向，也能够获得他人的支持、激发他人的共鸣。通过分享，我们能够与他人建立更紧密的关系，共同努力实现个人和团队的目标。

第五，持续学习与成长。将社会激励作为一个学习的机会，不断反思并调整自己的行为。在不断进步的过程中，积累更多的经验和知识，从而提高自身的能力和水平，进一步提升自我效能感。通过这些积极的行动，我们可以更全面、更有效地利用社会激励提升自我效能感，建立良好的人际关系，在职业和个人生活中取得更加显著的成就。

四、情绪状态

情绪状态在个体心理过程中起着重要的作用，它可以直接或间接地影响自我效能感的高低。积极的情绪状态，包括自信、乐观和满足等，有助于提升个体的自我效能感。当个体处于这样的情绪状态时，他们更有可能相信自己有能力完成任务或应对挑战。相反，消极的情绪状态，包括焦虑、沮丧、挫败等，可能会降低个体的自我效能感，使他们对自己的能力产生怀疑。情绪状态还会影响个体的动机和行为，进而影响自我效能感。积极的情绪状态促使个体采取主动、积极的行动来应对挑战，这种行为更容易带来成功，进而能提升自我效能感。相反，消极的情绪状态可能导致个体采取消极、回避的行为方式，避免面对挑战，从而缺乏成功的经验，会降低自我效能感。为了利用情绪状态提升自我效能感，我们可以采取以下策略。

（一）培养积极情绪

培养积极的情绪对于提升自我效能感至关重要。积极情绪可以提高我们的自信心和动力，使我们更有能力应对挑战。要培养积极情绪，你可以尝试参与喜欢的活动、与朋友交流、享受大自然等。这些活动有助于释放内心的压力，让你感到更加愉悦和充满活力。

（二）积极思考和自我对话

积极的自我对话和思考模式可以帮助我们调整情绪状态，从而提升自我效能感。当我们面临挑战时，经常会出现负面的自我对话，比如"我做不到"或"我不够好"。要改变这种模式，你可以尝试关注自己的成功经验，积极评价自己的能力和潜力，要相信自己有能力克服困难。通过积极的自我对话，你可以改变消极情绪，增强自信心，从而提升自我效能感。

（三）学习情绪调节技巧

学习有效的情绪调节技巧可以帮助我们在面对挑战时保持冷静和集中注意力。深呼吸、冥想、放松练习等技巧都可以帮助我们调节情绪，减轻焦虑和压力，从而更好地应对挑战。

第三节 提升自我效能感

在我们的日常生活中，经常会面临各种挑战和困难，有时候会感到自己的能力不足以克服这些困难，缺乏自信心。在这种情况下，我们往往需要提升自我效能感，即拥有相信自己能够有效地完成任务和达成目标的信念。提升自我效能感可以帮助我们更好地应对挑战，实现个人潜能，提高生活质量。自我效能感的培养是一个细致而深远的过程，它要求我们认识并信赖自己的能力，还要学会如何在生活的旅程中不断寻找和利用各种资源。

一、学会品味自己的每一个小成就

"品味"一词源自心理学，它是指个体有意识地寻求并体验生活中的愉悦，主动尝试延长这种美好的感受。在这个过程中，我们可以通过以下几种方法回顾和品味自己的成就与经历，庆祝自己的每一个小成就，获得更多的快乐，从而提升幸福感以及自我效能感。

（一）回顾人生历程找出代表性成就

这些成就可以是在学业、事业、家庭、社交等方面获得的，只要是你觉得自己做得有成就的事情，无论大小，都可以列入其中。比如你在学业上取得的高分，或者在工作中获得的表彰奖项，甚至是解决家庭矛盾时展现的坚韧，都是值得被记录和庆祝的。

（二）收集成就证明

整理相关文件和证明材料，如获奖证书、论文发表证明、项目完成报告等。这些证明材料不仅有助于回顾自己的成就，还可以激励自己在未来继续努力。同时，收集他人的反馈和评价，如感谢信、表扬信、评价报告等，这些都是对自己付出的肯定，有助于提高自我效能感。

（三）捕捉高光时刻

学会捕捉生命中的每一个有成就感的瞬间、每一个高光时刻，并将其记录下来，反复品味。这样，你在面对挑战和困难时，可以回顾这些美好的回忆，激发内心的力量，提高自我效能感。可以通过日记、相册、视频等形式记录这些瞬间，定期回顾，让成就感持续存在。

（四）让成就看得见

设置提醒或者写下一些关键的成就，放在你经常看到的地方，能够帮助你时刻保持对成就的认知和品位。

（五）学会分享成就

要懂得与他人分享自己的成就。分享可以让你获得更多的喜悦，同时也让别人了解到你的努力和成果。通过分享，你还可以收获他人的鼓励和支持，为未来的奋斗提供动力。

在人生旅途中，品味过往的成就，不仅有助于提升自我效能感，更能够让你倍加珍惜生命中的每一个宝贵瞬间。因此，我们应当从现在开始，积极回顾自己的过往成就，整理并归档这些宝贵的记忆。在这个过程中，品味那些美好的时光，勇敢地面对未来的挑战。

二、构建一个互相支持的社交系统

在人生的旅途中，我们时常面临着各种挑战和困境。而拥有一个坚固的社交支持系统，不仅可以在逆境中给予我们力量，更能够提升我们的自我效能感，助力我们迈向更高的台阶。这个社交支持系统可能包括家人、朋友、同事，甚至是导师。我们可以通过以下几种途径建立社交支持系统。

（一）拓展人际关系网

积极参与社交活动，拓展人际关系网络。人际关系是我们生活中的重要资源，它们为我们提供着情感支持和实质帮助。参与各类社交活动，无论是线上还是线下活动，都为我们提供了结识新朋友、拓宽视野的机会。比如加入兴趣小组、参加志愿者活动、参加行业聚会等都是与新朋友建立联系的好途径。

（二）寻求指导

当面对困难时，可以勇敢地向他人寻求帮助和指导。有时候，我们自己的视角受限，难以找到问题的解决方案，在这种时候，向他人寻求建议是明智之举。不要害怕承认自己的不足，因为正是从接受自己的不完美中，我们才获得了成长。这种求助的过程也是一种学习和成长的过程。

（三）互相支持

分享经验和资源，共同成长。在社交支持系统中，我们不仅是接受帮助的一方，也是提供帮助的一方。当我们遇到困难时，可以向他人求助；而当他人需要帮助时，我们也可以伸出援手。通过分享经验、资源和情感，我们可以共同成长，共同前进。比如参与共同的项目或活动，相互支持，共同努力达成目标。

（四）经常保持联系

定期与社交支持系统中的成员保持联系，关心彼此的生活。生活的忙碌常常让人们的关系变得疏远，然而定期保持联系可以增进彼此的了解，使得社交支持系统变得更加牢固。可以通过电话、信息或面对面会议保持联系，与对方分享生活中的喜怒哀乐，分享彼此的进展和成就。

（五）学会诚实表达

在社交支持系统中，要诚实表达自己的需求和感受。有时候，为了维护关系或者是避免冲突，我们可能会掩饰自己的真实感受。然而，只有通过诚实的沟通，才能真正建立起健康的人际关系，让社交支持系统变得更加有效。

（六）学会倾听

在社交支持系统中，要学会倾听他人的心声。倾听是一种关爱，也是一种尊重。通过倾听，我们可以更好地了解他人的需求，为他人提供有针对性的帮助。

（七）学会尊重与包容

在社交支持系统中，要尊重他人的观点和选择。每个人都有自己的价值观和生活方式，我们应该尊重并包容他人的差异。这种尊重和包容可以建立起一种和谐的支持系统，让每个成员都感受到被理解和尊重。建立一个良好的社交支持系统，有助于提升我们的自我效能感。同时，我们可以搭建一个层次清晰、充满活力的社交支持系统。在这个系统中，我们可以更好地应对生活的挑战，实现自我成长。

三、不断学习新知识以促进个人成长

提升自我效能感的重要途径在于不断学习与进步，学习有助于提高个体能力和增强自信心，以便更好地应对各种挑战。

（一）培养好奇心和求知欲

保持对新事物的好奇心和求知欲，积极寻求学习机会与挑战。一个新的兴趣爱好、一本书或一堂在线课程，皆可让你积累新的知识和技能。好奇心和求知欲是推动我们不断学习的内在动力，只有保持对知识的渴望，才能在学习的道路上走得更远。

（二）设定明确的学习目标

制定具体明确的学习目标，有助于集中精力和资源，实现学习计划。将大目标分解为小目标，每次完成一个小目标都能带来成就感，推动你继续前进。明确的学习目标能让我们在学习过程中始终保持方向感，确保我们的努力不会白费。

（三）寻求多样的学习机会

尝试不同的学习方式和途径，比如参加培训课程、参与研讨会、阅读相关书籍和文献、听取专家讲座等。通过多样化的学习体验，你能获得丰富的知识和经验，拓宽视野，丰富思维方式。多样化的学习机会让我们在吸收知识的同时，培养自己的综合素质。

（四）积极参与讨论和交流

积极分享学习经验和知识，投身于学习群体、社区或论坛的讨论和交流。多与他人互动，从他们的经验中学习，获得更多启发。积极参与讨论和交流能提高我们的表达能力和沟通能力，同时也能拓宽我们的人际交往圈子。

（五）反思和总结学习成果

学习不仅意味着获取知识，还包括对已学知识的理解和应用。及时反思并总结学习成果，思考如何将新学到的知识应用于实际生活和工作中。这将加深对所学内容的理解，提高学习效果。反思和总结是提高学习效率的关键环节，它能帮助我们巩固所学，将知识内化。

（六）持续自我评估和调整

在学习过程中，不断进行自我评估，了解学习进展，找到需改进的方面。根据评估结果进行调整和改进，制订更有效的学习策略和计划。持续自我评估和调整有助于我们找到适合自己的学习方法，提高学习效果。

（七）合作学习

寻找具有相似学习目标的人共同学习、互相激励、共同探索和解决问题。合作学习有助于深入理解和应用所学知识，促进思维的碰撞和交流。合作学习不仅能提高学习效果，还能培养我们的团队协作能力和沟通能力。

四、用视觉笔记记录成长

在我们的人生成长历程中，总会遇到诸多令人难以忘怀的故事。这些故事见证了我们的演变，促使我们从中汲取宝贵经验和智慧。用视觉笔记来记录我们的成长经历，将我们的成长故事视觉化，即以图像的形式将这些珍贵的回忆和经验展现出来，使得时间变得可见，生活更具仪式感。视觉笔记是一种将思考、学习和创作过程用图像和文字相结合的方式记录下来的方法。在如今信息爆炸的时代，运用视觉笔记可以帮助我们更好地消化信息、提高学习效率和创作能力。

（一）选择合适的媒介

视觉日记可以使用多种媒介进行创作，包括绘画、摄影、手账等。选择适合自己的媒介，既可以展现个性，也可以让日记更具观赏性。比如喜欢绘画的学生可以尝试用水彩、漫画、插画等形式记录故事；热衷于摄影的学生可以运用镜头捕捉生活中的美好瞬间；喜欢手账的学生可以用贴纸、文字、图画等元素装点日记。

（二）设计独特的视觉元素

让视觉日记独具特色的关键在于创意十足的设计。在记录成长故事时，可以尝试将个性化的视觉元素融入其中。比如使用原创插画、独特的字体、富有创意的布局等，这些元素将使日记更具吸引力，也让读者更容易产生共鸣。

（三）记录有意义的故事

成长过程中的故事丰富多彩，但在记录时，应选择具有代表性和启示性的题材。这些故事可以是自己的亲身经历，也可以是他人的励志故事。重要的是，这些故事能够激发我们的思考，让我们在回顾过程中获得启示和成长。

通过以上三个步骤，我们可以将成长过程中的故事视觉化，让它们成为我们人生路上的宝贵财富。用视觉日记记录成长故事，让我们在回顾往事时获得启示，不断前行。在这个过程中，我们也将学会珍惜每个瞬间，感恩生活的美好，让我们对未来生活更有信心。

第四节 建立成就故事档案

在我们的生活中，每个人都拥有着无数个独特的成就故事，这些故事记录着我们曾经克服的困难、取得的成功，以及经历的成长。然而，这些看似普通的故事实际上承载着强大的力量，能够深刻地影响我们的心理状态和行为模式。研究表明，建立成就故事档案与自我效能感之间存在着密切的关系。自我效能感是指个体对自己能够完成特定任务的信心水平，而成就故事档案则是个体在生活中积累的一系列成功经历和挑战克服困难的故事的总和。因此，拥有丰富的成就故事档案的个体往往更有自信，更能够面对挑战，因为他们有过去成功的经验可以借鉴。

一、用英雄之旅的故事模型来建立成就故事档案

采用英雄之旅的故事模型来建立成就故事档案，可以帮助你以引人入胜的方式叙述自己的成长和成功经历，进而有效提升自我效能感。

（一）启程阶段

平凡的开始与内心的召唤。在这个阶段，记录你当时的职业、生活环境或日常状态，强调内心的不满足或渴望。是什么激发了你想要改变欲望？是职业发展的瓶颈、生活的乏味，还是对未来的迷茫？

（二）起始阶段

决定踏上旅程。在这个阶段，我们需要记录一个关键时刻，即你决定采

取行动、开始追求目标的那个时刻。这个时刻可能是某个事件或灵感的触发，它让你下定决心去追求更好的自己。

（三）试练阶段

面临挑战与困难。在这个阶段，我们需要记录你在追求目标过程中遇到的困难和挑战。这些挑战可以是外部的阻碍，如竞争激烈、资源匮乏等，也可以是内心的挣扎，如自卑、恐惧的情绪等。

（四）低谷阶段

遭遇失败与自我怀疑。在这个阶段，我们需要记录你在旅程中遭遇的失败和低谷。这些失败可能是某个项目失败、某段关系破裂，或是对自己的能力产生怀疑。

（五）转变阶段

获得启示与力量。在这个阶段，我们需要记录你是如何找到新的方向或策略的。这个过程可以通过阅读、学习或他人的帮助来实现。

（六）决战阶段

最终的成功与成就。在这个阶段，我们需要详细记录你最终如何战胜困难，实现目标的。这个过程包括你付出的努力、克服的挑战以及获得的帮助。展示你的成就感，以及你的成功如何影响了你的生活和周围的人。

（七）归来阶段

回归与反思。在这个阶段，我们需要记录你成功后是如何回归日常生活的。分享你的经验和教训，让读者了解到你在成功背后的努力和坚持。强调你从这次经历中学到了什么，以及它如何影响了你的人生观和价值观。

（八）传承阶段

传承智慧与激励他人。在这个阶段，思考你如何将你的经验和故事分享给他人。这个过程可以包括发表演讲、撰写文章或开展培训等。分享你的故事如何激励和影响了他们，让更多人从中受益，传承智慧和力量。

通过以上八个阶段，我们可以将英雄之旅的故事模型应用于个人的成就故事档案的建立。遵循这个模型，我们能够以生动、感人的方式记录自己的成长历程，同时激励他人勇敢追求梦想。在这个过程中，我们能够不断反思、成长，最终成为更好的自己。

二、用 STAR 故事模型建立成就故事档案

STAR模型，又称为行为描述法，是一种叙述故事的结构化方法，包括情境（Situation）、任务（Task）、行动（Action）和结果（Result）四个要素。S代表情境，描述了故事发生的背景和相关情况。T代表任务，详细阐述了面临的具体任务和目标。A代表行动，介绍了为应对情境和任务所采取的具体行动。R代表结果，展示了取得的具体成果和所获得的收获。用STAR模型撰写成就故事，可以从以下几个维度进行撰写。

情境背景（Situation）：包括时间要求、地点限制、资源支持以及场景情况等相关信息。

任务目标（Task）：明确任务名称、任务目标、可能存在的独特要求以及角色定位等内容。

行动路径（Action）：具体阐述采取的步骤、使用的工具、面对的困难以及克服困难的方法等细节。

交付结果（Result）：客观呈现数据化成果、所获得的经验教训以及可能的改进方案等内容。

接下来，我们一起看一下大三学生王刚是如何运用STAR故事模型，记录下他在火锅店发传单的成就故事的。

情境（Situation）：在冬季的东北市区，作为火锅店的兼职员工，我面临一个任务，需要在市区内分发300份火锅店传单。

任务（Task）：我的任务是通过分发传单，成功引导至少30位顾客进店

用餐。

行动（Action）：我采取了积极主动的策略，在街道上主动接触过往行人，向他们介绍我们的火锅店。经过一段时间的观察，我发现年龄较大的市民对传单并不感兴趣，而年轻人群则表现出了浓厚的兴趣。因此，我开始有针对性地向年轻女性发放传单。当我遇到情侣经过时，我向男性推荐我们的火锅店，只要女性表示赞同，他们就愿意进店用餐。

结果（Result）：在一天之内，我成功地发放了300份传单，并成功地引导了30位顾客进店用餐。在所有参与传单发放的员工中，我的业绩名列前茅。我的表现得到了老板的高度赞扬，他特别给予了我100元的优秀宣传奖励。

在这个成就故事中，王刚展现了出色的沟通技巧和灵活的应变能力，成功地完成了分发传单的任务，并取得令人瞩目的成绩。他的经历告诉我们，在面对挑战时，通过积极主动出击、细致观察和针对性行动，可以取得出色的成就。这个故事不仅展示了个人的能力，也启示我们在工作和生活中如何运用STAR模型，打造出更加成功的成就故事。

三、用"能力三核"整理成就故事档案

在人生的旅程中，我们不断积累经验、不断成长，并取得一系列的成就。对这些成就进行系统的整理和归纳，不仅能够帮助我们更好地认识自己，还能够发现自身的潜能，为最终实现人生目标提供坚实的基础。对于个人而言，"能力三核"是一个极其重要的评估标准，包括知识、技能和态度三个方面。

（一）知识是我们认识世界的基础

通过不断学习各类知识，我们能够拓宽视野，为解决问题和应对挑战提供有力支持。在整理成就故事时，我们可以按照知识类别进行分类。比如学术、专业和日常生活等。通过对这些故事的分析，我们可以了解自己在各个领域的知识储备情况，明确哪些知识还需要进一步加强。

（二）技能是我们运用知识解决问题的能力

技能体现我们的专业水平和综合素质。通过整理成就故事，我们能够发现自己在哪些方面具备特长和优势，以及在哪些方面还需要提升。在分析故事时，我们应该重点关注自己在解决问题时所展现的技能。比如沟通能力、团队协作能力和创新能力等。这有助于我们更准确地评估自己的技能水平，为未来的职业发展和生涯规划提供有益的参考。

（三）态度决定我们面对困难和挑战时的应对方式

态度对我们的成长具有深远的影响。在整理成就故事时，我们应该关注自己在不同情境下所展现的态度，比如乐观、自信等态度。通过分析这些故事，我们可以认识到自己性格中的优点和缺点，为进一步改进和完善自我提供依据。

通过整理和分析成就故事，我们能够建立一个全面的能力档案，深入了解自己在知识、技能和态度方面的优势和不足。在此基础上，我们需要对照自己的职业生涯愿景，审视自己在哪些方面还需要提升，并制订出合适的学习和发展计划。在这个过程中，我们要不断提升自我效能感，增强信心，为实现人生目标努力奋斗。运用"能力三核"来整理和归纳成就故事，不仅有助于我们更好地认识自己、发现潜能和提升自我效能感，还能为我们的职业生涯发展制订出有针对性的计划。

【本章小结】

自我效能感，这一看似抽象的概念，实际上对于个人的心理健康与幸福生活具有显著作用。它如同人生的引擎，驱动着我们前进。因此，了解自我效能感的高低以及其影响因素显得至关重要。自我效能感是指个体对于自己能够完成某一任务或达到某一目标的信心和期望。这种信心和期望并非毫无根据，而是基于个体过去的经验、知识和技能。换句话说，自我效能感是我们对自己能力的信任程度。

如何提升自我效能感呢？

庆祝小成就：每一次的小成就都是对自我能力的肯定，都是提升自我效能感的机会。不要忽视每一次的小成功，它们是构建自信心的基石。每当完成一项任务时，不妨给自己一个小小的奖励，以此来提高自己的自我效能感。

建立互助社会网络：人是社会性动物，我们的行为和情绪受到社会环境的影响。建立一个互助的社会网络，可以让我们在困难时有更多的支持和帮助。这种支持不仅可以帮助我们解决问题，还可以提升我们的自我效能感。

持续学习新知识：学习是提高自我能力最直接的方式。每学习一项新技能，都会增强我们的信心。而且，学习新知识还可以开阔我们的视野，提高我们解决问题的能力，从而进一步提升自我效能感。

运用视觉笔记记录成长：视觉笔记是一种将思考、学习和记忆视觉化的方法。通过视觉笔记，我们可以更清晰地看到自己的成长轨迹，这种可视化的方式可以直观地展示我们的进步，从而提升自我效能感。

此外，我们还可以通过梳理成就故事和整理成就档案来提升自我效能感。学会运用英雄之旅的故事模型与STAR故事模型梳理成就故事，这种故事化的方式可以让我们的成就显得更加生动有趣，也更容易激发我们的自我效能感。同时，借助"能力三核"整理成就故事档案，可以让我们更清晰地看到自己的能力结构，进一步提升自我效能感。

第三章
掌握职场沟通能力

在人际互动和团队合作中，沟通的重要性不言而喻。它不仅是连接人与人之间思想和情感的桥梁，更是实现工作协同、解决问题、传递信息的关键工具。在现代职场环境中，具备良好的沟通能力是每个职场人士都必备的基本素质之一。良好的沟通能力不仅有助于建立和维护良好的人际关系，还能够提高工作效率和团队整体表现力。通过积极主动的沟通并倾听他人的意见和需求，可以加深彼此之间的信任，更好地协作解决问题。

沟通并不仅仅代表信息的传递，更重要的是理解并回应对方的意见，确保信息传递的准确性和完整性。在团队合作中，有效的沟通是取得成功的关键。每个团队成员都有着各自的职责和目标，只有通过清晰明了的沟通，才能确保团队协作无间，工作高效顺畅。具备优秀沟通技巧的个人在激烈的职场竞争中更具竞争力，能够更好地适应和应对各种挑战。越来越多的企业和组织意识到沟通能力的重要性，将其视为招聘的重要标准。因此，作为大学生，我们应该有意识地提升自己的沟通技能，通过学习和实践不断完善，以更好地适应未来的职场挑战。

第一节 了解职场沟通能力

沟通是指个体在群体之间传递信息、想法和情感的过程。沟通能力是指在沟通活动中，个体能够有效地传递信息并获得理解的能力，是确保个体能够与他人、群体、组织进行有效交流以达成共同协议和目标的必要条件。沟通能力包括表达能力、倾听能力、理解能力和反馈能力四个方面。

表达能力是指个体能够清晰、准确地表达自己的思想、情感和需求。这要求个体在选择词汇、语调和表达方式上具备恰当的能力，以便对方能够准确理解。倾听能力是指个体能够耐心、专注地听取他人的意见、想法和情感，理解对方的立场和需求。倾听能力是有效沟通的基础，因为它有助于建立信任和理解。理解能力是指个体能够准确地理解他人传递的信息，包括语言、非语言信号和情境因素。这要求个体具备分析、解释和推断的能力，从而更好地把握对方的意图和需求。反馈能力是指个体能够及时、准确地给予他人反馈，以确认自己的理解是否正确，并促进双方之间的沟通和理解。反馈能力有助于消除误解和增进共识。

综上所述，沟通能力对个体与他人、群体、组织之间的有效交流至关重要。通过不断地培养和提升表达能力、倾听能力、理解能力和反馈能力，个体可以更加高效地实现沟通目标，促进协作与共赢。

一、沟通的四个层级

在职场中，沟通被划分为四个不同的层级，这是因为沟通能力在职场中至关重要，它涉及信息传递、理解，以及与他人建立有效联系。不同层级的沟通能力表现出不同的特点和水平。

（一）单向传递信息、无反馈接收的沟通

这种沟通者往往只停留在表面的交流，难以进入深层次的讨论。他们在沟通时，往往无法准确地表达自己的观点，导致交流的深度受限。此外，他们的表达通常模糊不清，让人感到困惑，无法准确地传达他们想要表达的意思。他们倾向于谈论自己的观点，而忽视了他人的存在，这种以自我为中心的沟通方式往往会导致沟通不顺畅，难以达到有效的沟通效果，甚至可能无意间侵犯到对方的尊严。这种沟通方式不仅会影响到沟通的顺利进行，而且可能伤害到他人的情感。在这一层级的沟通能力中，虽然沟通者能够基本理解和使用相关词汇，但沟通内容较为浅显，只有"你来"没有"我往"，这种沟通方式类似于打羽毛球时只顾着发球而不管对方是否能接住一样。他们在沟通时，往往无法涉及更深层次的知识和观点，使得沟通的质量和效果受到限制。要想突破这一层级的沟通，沟通者需要付出努力，不仅在语言表达上要提高准确性、清晰度，还要学会关注他人、尊重他人，以实现更有效的沟通。通过不断的实践和学习，沟通者可以逐步提升自己的沟通能力。

（二）开放和真诚的态度

这一层级的沟通者具有敏锐的洞察力，能够迅速抓住谈话的重点，将其以书面语的形式进行整理。这种方式使得信息更加清晰明了，有助于确保沟通的顺畅进行。抓住谈话要点的能力使他们能够准确地理解他人的观点和需求，进而更好地回应和处理。这一层级的沟通者还能够用清晰的理由和事实来表达自己的观点和立场。这种方式使得他们的表达更具说服力，更容易让对方理解和接受。这种沟通能力不仅有助于他们在工作中取得成功，而且在人际关系、团队协作等方面也具有重要意义。

（三）尊重和理解基础上的沟通

这种沟通以简明清晰的方式准确把握关键信息，表现出高度的职业素养。根据不同的沟通对象采取相应的表达方式，确保信息传递的准确性和有效性，从而促进共识的达成。在这个层级上，个体不仅具备捕捉关键信息的能力，还能通过有效的沟通化解纷争，建立良好的人际关系，推动事业的发展。这种能力建立在充分尊重和理解他人的基础上，他们能够设身处地地理解对方的观点和立场，找到共同的利益契合点，使对方更容易接受他们的意见。在当今社会，交流合作日益频繁，具备这种能力的人更能适应多元化的社会环境，擅长与各类人员建立高效、和谐的合作关系，推动事业的发展。

（四）专业技术领域的沟通

在第四个层次的沟通能力中，我们应努力拓展人际关系网络，熟练掌握专业术语，同时注重专业信息的阅读和理解。精通专业术语是职场沟通能力的关键，在专业领域，熟练掌握术语能够增强我们与他人交流的自信，避免沟通障碍。为达到这一目标，我们应积极参加培训课程、阅读专业书籍，并向业界专家请教，通过不断学习，提升自己在行业内的竞争力。阅读和理解与专业相关的各类信息也是沟通能力的重要组成部分。随着科技的发展，行业发展和知识更新速度加快，因此我们需要关注业界资讯，紧跟发展趋势。

我们可以阅读专业文章、研究报告和案例分析，保持敏锐的洞察力，为事业发展提供有力支持。在实际工作中，我们要善于运用所学的专业知识和沟通技巧，为团队创造价值。同时，要具备跨部门协作能力，与其他同事顺畅地沟通和协作，共同实现公司目标。只有不断提升沟通能力，我们才能在职场中脱颖而出，为自己的事业发展奠定坚实基础。

二、沟通能力是可以后天习得的

研究发现，我们的大脑和神经系统具有可塑性，这意味着学习和经验可以改变我们的思想和观念，沟通能力也可以通过后天的学习和训练来提升。只要我们付出努力，每个人都有潜力成为出色的沟通者。

（一）技巧训练是提升沟通能力的重要途径

通过专门的沟通技巧训练，我们可以更好地掌握倾听和表达的技巧，提高沟通的效率和效果。此外，情绪管理、语言表达、肢体语言等方面的训练也同样重要。在技巧训练中，我们可以学习如何与他人建立良好的沟通关系，包括如何提出清晰的观点、如何有效地倾听对方的意见，以及如何处理冲突和不同意见。这些技巧不仅可以在工作场合发挥作用，也可以在日常生活中帮助我们更好地与家人、朋友和同事交往。

（二）刻意练习是进一步提升沟通能力的关键

刻意练习是指有目的地进行练习，通过不断的尝试、反思和调整，我们能够在沟通中更加自如、自信。在这个过程中，我们需要找到自己的沟通短板，有针对性地进行训练。比如我们发现自己在表达观点时经常遇到困难，我们可以通过模拟对话或者写作练习来提高自己的表达能力；发现自己在倾听他人时缺乏耐心或者容易分心，我们可以通过专注训练和思维导图来提高自己的倾听技巧。通过这种刻意练习，我们可以不断地完善自己的沟通技能。

（三）积极寻找锻炼的机会

要想在职场中成为优秀的沟通者，我们需要在实际工作中不断运用和锻炼自己的沟通能力。职场中的各种场景，包括会议、谈判、团队协作等，都是锻炼沟通能力的绝佳机会。只有通过不断的实践，我们才能真正掌握沟通的精髓，成为职场沟通的佼佼者。在职场中，良好的沟通能力不仅可以帮助我们更好地与同事合作，还可以提升我们的领导力和影响力。因此，我们应该积极参与各种沟通活动，不断地挑战自己，在实践中不断地提升自己的沟通能力。

综上所述，沟通能力的培养是一个持续不断的过程，需要我们不断地学习、训练和实践。只有通过努力和坚持，我们才能够成为优秀的沟通者，与他人建立良好的关系，实现个人和职业的成功。因此，让我们一起努力，不断地提升自己的沟通能力，迎接更广阔的人生和职业挑战。

第二节 学会经营职场人脉

职场中，人脉关系的重要性不言自明。一个强大的人脉网络不仅可以提升个人的形象和影响力，更是职业发展中不可或缺的关键因素。因此，经营职场人脉是每位职场人士都应该高度重视的课题。为了更好地经营职场人脉，我们需要深入了解几种常见的人际交往模式。在《高效能人士的七个习惯》一书中，作者史蒂芬·柯维将人际交往划分为六种模式。这六种模式分别为利人利己（双赢）、损人利己（赢／输）、舍己为人（输／赢）、两败俱伤（输／输）、独善其身（赢）、好聚好散（无交易）。在这六种人际交往关系中，利人利己（双赢）模式无疑是正常沟通的最佳选择。史蒂芬·柯维通过情感账户的比喻生动地阐述了人与人之间的关系。他认为，要想在公共领域取得成功，建立良好的人际关系，关键在于学会在关系账户中存入信任。通过"存款"，我们可以建立和修复信任，而"提款"则可能导致信任破裂和消失。

当我们对他人表示关心、尊重和理解时，就是在向情感账户存款。反之，当我们冷漠、忽视或伤害他人时，就是在提款。在个人情感账户中储蓄的方法多种多样，以下五种策略可助力你经营人际关系。

一、学会赞美他人

赞美不仅能够鼓舞人心，还能让人感到愉悦。在日常生活和职场中，赞美都扮演着至关重要的角色。它不仅能为人们带来愉悦的心情，还能营造出彼此关爱和尊重的氛围。特别是在职场中，建立良好的人际关系对于工作效率和氛围至关重要，而学会赞美与欣赏他人则成为实现这一目标的关键。

（一）真诚赞美他人是至关重要的

赞美不仅仅是说一些好听的话，更应该是真诚地认可他人的优点和努力。比如当同事在工作中表现出色时，我们可以直接表达出对他们的肯定。这样的赞美才能真正打动人心，让人感受到被理解和认可。

（二）欣赏他人是一种艺术

这意味着要尊重他人的观点和选择，理解他人的难处，并在必要时给予帮助和支持。比如当同事面临困难时，我们可以提供帮助和鼓励，这种关心和理解会拉近彼此的距离，促进良好的人际关系的建立。此外，在职场中使用肯定的沟通方式也至关重要。与同事、上司和下属交流时，应该多用积极的语言，避免负面评价和指责他人。比如可以在工作会议上公开表扬同事的出色表现，或者在日常工作中给予鼓励和支持，这样的沟通方式有助于营造积极向上的工作环境。

二、共度愉悦的时刻

在工作日结束后，为何不与同事共享一顿火锅或烧烤等美食呢？这可以为我们提供一个轻松愉快的氛围，促进彼此间的感情，使关系更为和谐。我们还可以一起放声高歌，释放工作中的压力，甚至玩一些游戏，享受快乐的时光。这些活动不仅加强了我们之间的联系，还使我们更好地了解彼此。在这样的氛围中，我们可以分享工作中的经验、心得，以及生活中的点滴，从而进一步加强团队的合作和交流。

此外，这些活动也有助于增强我们的团队凝聚力。在欢声笑语中，我们可以通过游戏增进默契，共同努力实现团队目标。这种团结协作的精神将传递到工作中，提高我们的工作效率，为公司创造更大的价值。总之，在工作日结束后，共同参与团建活动不仅能放松身心，还能增进彼此间的感情，提高团队的凝聚力和工作效率。让我们共同努力，共享欢乐时光，为我们的团队注入新的活力。

三、准备特别的礼物

在我们的日常生活中，人际关系的建立和维护是必不可少的。这并非一蹴而就的任务，而是需要我们从点滴间的关怀和体贴开始。因此，用心准备特别的礼物，不仅是一种表达我们情感的方式，更是拉近人与人之间距离的有效途径。

在学校，开学之际，室友之间的关系至关重要。在这个新的环境中，一个简单而特别的举动就足以带来无尽的温暖。我们可以考虑为室友准备一些家乡的特产，让他们一同品尝家乡的美味。这不仅是对他们的关心和关怀，更是一种融洽关系的开端。这种亲切的举动，将会为我们的校园生活注入一份温馨与友爱。

在职场，同事间的融洽关系对于工作的顺利进行至关重要。在同事生日或者特殊的节日时，一份精心挑选的小礼物就可以带来意想不到的惊喜和欢乐。这不仅是对同事的祝福，更是一种对彼此关系的尊重和重视。这些微小的举动，会在潜移默化中增进我们之间的信任和合作，为工作环境增添一份和谐与舒适。

综上所述，特别的礼物不仅是一种情感的表达，更是一种人际关系的经营策略。无论是来自家乡的美食，还是节日的祝福，都是我们表达心意的最佳方式。让我们从现在开始，用心准备特别的礼物，去温暖身边的人，共同营造一个充满关爱和温暖的交往天地。

四、主动为他人服务

在我们的日常生活中，服务他人的行动无处不在。要想建立和维护良好的人际关系，就需要在点滴之中付出，用实际行动去关爱和帮助他人。以下将从三个方面详细阐述如何通过服务他人来积累人际关系的财富。

我们应该养成良好的生活习惯，为他人创造一个舒适的环境。比如每天早晨提前到达办公室，认真打扫整理工位，确保整个办公环境清洁整洁，让大家在一个愉悦的环境中开始一天的工作。这种细微的关怀和付出，不仅展现了我们的用心和关爱，也会使他人感受到温暖和舒适。

我们应该主动承担一些力所能及的工作，减轻同事的负担。比如主动帮助同事解决工作中的难题，积极参与团队任务，或者在同事忙碌时提供一杯咖啡。这些行动会让同事感受到我们的关心和体贴，从而增进彼此间的友谊和信任。同时，我们也要注意在服务他人时保持一定的职责边界，以免适得其反。并且，服务他人并不仅限于工作场所，我们也可以将这种精神延伸到日常生活中。比如主动参与社区志愿者活动，关心邻里，帮助有需要的人，这些都是积累人际关系的有效途径。通过这些行动，我们不仅可以拉近与他人的距离，也能让我们的生活变得更加丰富多彩。

综上所述，主动为他人服务是建立人际关系的重要途径。只要我们用心关爱他人，并付诸实际行动，就能赢得他人的信任和尊重。在这个过程中，我们不仅能建立深厚的人际关系，还能不断提升自己的价值。

五、适度的动作表达

在我们的日常生活中，运用动作表达和做一些适度的身体接触是一种非常有效的沟通方式，它能够强化人际关系，增进彼此间的理解和信任。适度的身体接触不仅可以传递情感，还能够拉近人与人之间的距离，增进彼此的情感联系，从而提高团队的凝聚力，提高工作效率。

在学校，当我们与同伴共同赢得足球比赛的胜利时，彼此紧密地拥抱，不仅仅是一种庆祝胜利的方式，更是对彼此辛勤付出的肯定和鼓励。这种热情的拥抱，能够加深相互间的情感交流，使得团队关系更加融洽。在工作场合，当我们成功完成项目、实现重大突破或取得胜利之际，相互拍掌庆祝，这也是一种共享喜悦的方式，能够增进团队成员间的情感联系，提高团队的凝聚力。在面临困境时，一句鼓励的话或者一个温暖的拥抱，能够给彼此带来力量，激发我们迎难而上的勇气。然而，在运用动作表达时，我们需要考虑到性别差异，遵循适度原则，尊重他人的舒适度和个人空间。不同的性别对于身体接触的接受程度有所不同，因此过度的身体接触可能会引发他人的不适，甚至造成误会。我们需要根据实际情况，谨慎运用身体接触这种方式，确保其不会给他人带来不适。

在本节内容中，我们探讨了如何通过多种方式来建立良好的人际关系。学会赞美他人是建立良好关系的重要一环，它能够增进彼此的信任。共度精心的时刻也是加深关系的有效方式，可以通过共同参与有意义的活动来增进情感。并且，准备特别的礼物不仅能表达我们的关怀和重视，还能为人际关系注入更多温暖。此外，主动为他人服务是建立良好人际关系的积极行为，通过帮助他人，我们不仅可以获得满足感，还能赢得他人的尊重和信任。适度的动作表达也是沟通交流中不可或缺的一部分，它可以传递出我们的关怀和支持，进一步加深人际关系的牢固程度。通过这些方法，我们可以建立更加紧密、健康的人际关系，让彼此间的关系更加牢固持久。

第三节 学会倾听

在职场中，我们每天都需要与各种各样的人交流。然而在这个过程中，我们往往会过于关注自己的表达，而忽略倾听的重要性。实际上，倾听在职场沟通中占据着举足轻重的地位。通过倾听，我们不仅可以获取更多的有效信息，还可以更好地理解对方的意图和需求。更重要的是，倾听能够建立起彼此间的信任，让沟通更加顺畅。因此，在与人交流时，我们应该时刻保持倾听的姿态，给予对方足够的关注与尊重。只有这样，我们才能在职场中更好地与他人沟通交流，共同取得成功。那么，如何实现有效倾听呢？可以运用3F倾听技巧，这是一种非常有效的倾听方法，它指对事实（Fact）、感受（Feel）和意图（Focus）的倾听。这种技巧旨在帮助倾听者全面理解对方的讲话内容，并能更好地回应对方的需求和情感。

倾听事实（Fact）：这意味着倾听者要专注于对方所讲的具体内容，包括陈述的事实、数据、事件等。倾听者应该尽量客观地理解对方所表达的信息，不要有个人的主观解读或评判。

倾听感受（Feel）：在倾听过程中，不仅要注意对方所说的话，还要敏锐地捕捉到对方的情感状态。这可能包括对方对某个事件的喜悦、担忧、焦虑或愤怒等情绪。理解对方的情感状态有助于建立更深层次的沟通连接，并更好地支持对方。

倾听意图（Focus）：除了倾听事实和感受外，倾听者还应该尝试理解对方讲话背后的意图。这可能涉及对方想要达到的目标、期望。通过关注对方的意图，倾听者可以更好地把握对话的重点，有效地回应对方的需求。

综合运用3F倾听技巧，可以帮助倾听者更全面、更深入地理解对方的讲话内容，建立起更加有效和亲密的沟通关系。

一、倾听事实（Fact）

我们应该保持客观公正的态度，在倾听过程中避免过早地做出评价或判断。人们在不同情境下可能呈现出截然不同的表现，因此我们需要给予他们充分的理解和尊重，让事实本身来说明问题，而不是基于主观印象作出定论。同时，我们应该仔细收集事件发生的时间、地点、人物、原因、经过和结果等信息。这些信息构成了事件的基本框架。只有全面了解事件的前因后果，我们才能更深入地理解问题，并为后续行动提供合理的依据。

在信息收集过程中，我们需要保持敏锐的观察力和严谨的态度，以免漏掉任何重要的细节。同时，我们也应该善于倾听他人的观点，尊重他们的意见，并从中获取有益的建议。我们以小丽为例，小丽刚刚开始一份实习工作，在工作中经常听到部门同事在背后说部门领导的坏话，导致她逐渐对领导产生了偏见，平时对领导特别不尊重。在这种情况下，小丽就要做到关注事实，她需要先确认这些听到的关于领导的言论是否可靠、真实，而不是传言或猜测。同时需要仔细审视同事所说的内容，理性地分析这些言论是否有客观的依据，或者是否存在个人偏见或情绪影响。小丽还可以尝试直接与领导进行交流，了解领导的工作风格、价值观和管理理念。这样小丽可从直接接触中了解领导的真实情况，观察领导的行为表现，看是否与同事所说的不同。通过倾听事实并采取积极的态度，小丽可以更客观地评估情况，避免因为别人的言论而影响自己对领导的看法，同时也能更好地适应和融入职场环境。

二、倾听感受（Feel）

感受，即个体的心境，包括喜悦、激动、愤怒、恐惧等情绪。在人际交流中，理解并表达他人的感受，以及有效传达自身情感，对于深化人际关系和赢得理解支持具有重要意义。然而，在现实情境中，人们常常通过言语和行为间接展现情感，而非直接表达。因此，我们需要学会从言行中识别他人的情感。在日常生活中，我们可以通过观看电视剧来提高倾听感受的能力。通过剧情发展，洞察角色的情绪状态，并准确捕捉情感变化；再通过后续剧情的发展验证自己的观察，这样可以简单直观地提升倾听感受的能力。同时，也要不断地丰富自己的情感词汇，学会运用各种情感词汇来表达感受。这样，当面对特定情境时，就能迅速感知他人的感受，快速安抚对方的情绪。

三、倾听意图（Focus）

在日常工作中，我们需要像摄像机一样，准确地捕捉各种具体细节和事实，探寻对方的意图，倾听对方的言外之意。当我们与他人交流时，不仅仅要听其言，更要观其行，洞察其真实想法与期望。研究表明，在工作场合中，信息传递常常存在遗漏和误解的情况，这可能导致信息的失真。比如心中所想之事为100%，但表述出来仅能传达80%，对方听到后实际接收到的信息可能仅剩60%，而其中能理解的部分可能仅占40%，最终执行时只剩20%。为避免沟通中的遗漏，确保信息的真实性，我们可以采取5W2H框架来记录对方所表达的信息。

职场中，当上级向我们布置工作任务时，我们可以运用5W2H框架进行记录。记清楚What（什么）：问题的具体内容是什么？这个任务需要解决的核心问题或目标是什么？Why（为什么）：为什么这个问题需要解决？为什么会出现这个问题？ Who（谁）：哪些人或团队应该参与解决这个问题？他们的角色和责任是什么？When（何时）：解决问题的最佳时机是什么时候？有没有时间限制或优先级排序？Where（何地）：问题发生在哪个地点或情境下？How（如何）：应该如何解决这个问题？有哪些可能的解决方案或方法？How much（多少）：解决这个问题需要多少资源、时间或成本？预算和可行性如何？这个框架有助于我们明确任务目标，确保全面了解领导的要求，以及明确自身在任务中的职责。通过这个框架，我们可以清晰地记录下任务的具体内容、执行方式、完成时间、负责人员以及任务的标准和要求。在职场新人提升沟通能力的过程中，务必掌握这个实用工具，记录下上级或组织布置的各项任务，有助于职场新人更好地完成工作。

本节内容介绍了3F倾听技巧，即倾听事实、感受和意图。通过倾听事实，我们可以理解对方所表达的具体信息和事件；通过倾听感受，我们能够体会到对方说话背后的真实感受和情绪；而倾听意图则让我们更深入地了解对方的意图和目标。这些技巧不仅有助于有效沟通，还能增强人际关系，提高解决问题的效率，使沟通更加有意义和富有成效。

第四节 学会向上汇报

在职业生涯中，与上级进行有效的沟通不仅对个人职业发展、学习成长和工作效率提升具有重要意义，更是对整个团队和组织的发展至关重要。定期向上级汇报工作，不仅能展现你的责任心和专业素养，还能让上级对你更加信任。因此，我们要学会向上汇报。

向上汇报能帮助我们发现自己的不足，因为在汇报过程中，我们可以获得上级的反馈和建议。这些反馈和建议可以帮助我们找到自己的不足，从而促使我们不断学习和成长。及时向上级汇报工作进展，可以获得上级的指导和建议，帮助我们更好地规划工作，提高工作效率。

向上汇报有助于解决工作中遇到的问题和困难。通过与上级沟通，你可以及时获得支持和帮助，有效避免问题扩大化或影响工作效率。当遇到难题时，及时向上级汇报不仅能减轻你的工作压力，也有助于上级及时了解情况，为你提供必要的支持和帮助。

向上汇报有助于提高整个团队的工作效率。当你定期向上级汇报工作进展时，上级可以更好地掌握团队的整体情况，有针对性地分配资源和任务，从而提高整个团队的工作效率。因此，我们要重视向上汇报，不断提升自己的沟通能力和汇报技巧。

一、用PREP结构高效汇报

在职场中，向上级汇报时，我们可能会遇到这样的情况：自己认为至关重要的汇报，却发现领导时间紧迫，或领导对汇报内容似乎缺乏兴趣，又或在倾听不久后，领导便要求速述重点。在工作中，有效进行汇报沟通是非常重要的技能。瑞克·吉尔伯特在《向上汇报》一书中提出了PREP

结构，可以帮助我们更清晰、有逻辑地进行汇报。以下是关于PREP结构的详细解释。

（一）P（Point）：阐述观点

在汇报中，首先需要简洁明了地提出自己的观点，抓住核心关键词，特别是与对方目标一致的关键词。这样可以让对方迅速了解你的意图，为后续的沟通奠定基础。

（二）R（Reason）：说明理由

在阐述观点之后，需要给出一个具有说服力的理由，说明观点、方案或建议对对方的重要性。这能让对方认识到你的提议并非单纯的个人想法，而是具有实际价值的。

（三）E（Evidence）：提供有力证据

为了让对方更加信服，需要用具有说服力的数据和实例来支撑你的观点。这样既可以体现出你的专业素养，也能增强观点的可信度。

（四）P（Point）：重申观点

在结束汇报之前，再次提出观点，并留出对方提问的空间。例如，"稍后跟您汇报细节""如果您有兴趣，我发详细资料给您"等。这样既可以强调观点的重要性，也能给对方留下提问的机会，为接下来的沟通做好准备。

总之，运用PREP结构进行汇报，可以让沟通更加顺畅，提高沟通效果。在实际工作中，我们可以灵活运用这一结构，将自己的观点有力地传达给他人。同时，也要根据对方的反应和需求，适时调整汇报方式，以达到最佳的沟通效果。

例如，作为销售主管，你想建议公司采用新的营销策略，可以试着用PREP结构向领导进行如下汇报。

P（观点）：我认为我们应该采用新的营销策略，以提高公司的销售额和品牌知名度。

R（理由）：采用新的营销策略有很多好处。首先，它可以帮助我们更好地定位目标客户，提高营销效果。其次，新的营销策略可以提高客户对我们品牌的认知度，提升品牌形象。再次，通过新的营销策略，我们可以更好地了解客户需求和市场趋势，为公司未来的发展提供有力支持。

E（证据）：据统计，采用新的营销策略的公司比采用传统营销方式的公司的销售额增长了30%。此外，我们可以通过市场调研和数据分析来了解客户需求和市场趋势，制定更加精准的营销策略。

P（观点）：采用新的营销策略对公司的长远发展非常重要。我相信我们可以制定出更加精准、有效的营销策略，提高公司的销售额和品牌知名度。如果您有任何疑问或想了解更多信息，请随时与我联系。

通过以上四个步骤，我们可以更有条理地组织汇报内容，让上级更容易理解和接受我们的观点。同时，采用PREP结构也有助于提高我们的沟通效率，节省双方的时间。在实际应用中，我们可以根据具体情况灵活调整汇报顺序和内容，以达到更好的沟通效果。

二、通过自我应验预言化解汇报窘境

在与领导或者职位比较高的人交流时，很多人会感到恐惧。这种情绪常常使他们在沟通中表达不畅，即使平时表达能力出色，在关键场合也会感到束手无策。有些人甚至在进入领导办公室之前就开始冒冷汗，一想到要面对领导，就手足无措。面对这样的困境，我们可以尝试通过自我应验预言来突破。自我应验预言是指如果一个人对某种结果有所预期，并且他的行为也是基于这种预期，那么这种结果就很有可能发生。比如你在年终考核时向领导汇报你的工作方案，你担心自己的方案可能不会被采纳。这种担忧会让你感到紧张和焦虑，影响你的准备工作。最终，你在汇报中表现不佳，领导果然没有采纳你的方案。在这个案例中，你的担忧成为自我应验的预言，影响了你的行为和最终结果。

如果没有这种担忧和预期，你可能会更加专注于准备，并在汇报中表现优秀，得到领导和同事的认可。研究表明，学会积极地自我应验预言至关重要。通过预先给出积极的预测，我们可以增强信心，勇往直前，最终实现梦想。正如《牧羊少年奇幻之旅》中的少年所说：当你真心想做一件事时，全世界都会为你让路。这种积极的预言可以让我们充满信心，不断尝试，最终梦想成真。我们可以通过以下四个步骤实现积极的自我预言。

（一）抱有期待

明确你想要实现的目标或梦想。这可能是一个职业目标、学业目标、个人成长目标等。确保你对未来抱有积极的心态，相信自己有能力实现目标，相信事情会朝着积极的方向发展。

（二）付诸实践

制订详细的计划，包括具体的步骤和时间表，以实现你的目标。确保计划是可行的，并且考虑可能遇到的障碍和挑战。最重要的是付诸实践，开始执行你的计划。不要拖延或犹豫，积极地迈出第一步，并坚持不懈地朝着目标努力。

（三）实现梦想

在实践过程中遇到困难和挑战，也要坚持不懈地追求目标。保持积极的态度，克服困难，不断学习和成长。不要忽视任何进步，无论多么小的成就都值得庆祝。这有助于我们增强自信，继续前行。

通过以上三个步骤，可以建立起积极的自我应验预言，增强信心，实现自己的梦想。这是一个持续的过程，需要坚持不懈和不断地学习与成长。

三、建立有效沟通渠道

在组织中，确定主要联系人非常重要。这些联系人可能是你的直接主管、部门领导或其他关键利益相关者。与这些人建立良好的关系，并了解他们的偏好和期望，对于有效地向上汇报工作进展至关重要。因此，在向上汇报过程中，建立有效的沟通渠道是必要的。这包括确保及时、准确地传达信息，与上级保持良好的沟通关系。

（一）定期汇报进展

汇报工作进展是一种重要的沟通机制，它有助于确保项目的顺利进行，能及时解决工作中遇到的问题。在工作中，我们可以采取定期汇报的方式，向上级领导汇报工作进展。通过明确汇报频率、注重汇报质量、做好汇报材料准备及会后总结反思，我们可以更好地向上级领导展示工作成果，提高项目执行效率，为实现项目目标奠定坚实基础。

（二）提供详细的信息

在工作中，与上级沟通是必不可少的环节。为了确保信息的准确传递和有效理解，提供详细的信息至关重要。详细的信息可以帮助上级全面了解情况，从而做出明智的决策。通过做好准备工作、使用明确的语言、突出重点、给出建议和解决方案、主动沟通以及跟进反馈等方法，可以提高沟通效果，帮助上级更好地了解工作情况，并做出准确的决策。

（三）善用技术工具提高沟通效率

在现代工作环境中，利用先进的技术工具提高沟通效率是职场人必备的基本能力。通过合理运用电子邮件、即时通信和项目管理软件等工具，我们可以实现与上级之间的实时联系，并迅速分享关键信息，从而提高工作效率和协同能力。

（四）保持沟通透明度

保持沟通透明度有助于提高决策效率。当信息透明时，团队成员可以更好地了解项目的进展情况，从而做出更为明智的决策。而且，保持沟通透明度还可以减少误解和猜疑，减少团队内部的矛盾和冲突。我们要不断提高自己的沟通能力，学会在好消息和坏消息之间保持平衡，并在面对挑战时勇于寻求支持和帮助。只有这样，我们才能在不断变化的环境中适应和成长，最终实现团队的目标。

例如，在一家跨国公司中，项目经理John负责一个重要的项目。为了确保与上级有效沟通，John每周安排一次定期的项目进展汇报会议，邀请项目团队成员和利益相关者参加。在会议上，John简洁明了地总结了项目的进展遇到的挑战，阐明了下一步工作计划。他还提供了详细的数据和图表以便上级了解项目的情况，并通过电子邮件和项目管理软件随时更新进展。通过这种有效的沟通渠道，John能够及时向上级汇报项目情况，获得支持和反馈，并最终成功地完成了项目。由此可见，建立有效的沟通渠道，可以更好地与上级合作，确保工作顺利进行并取得成功。

【本章小结】

沟通能力在职场中具有重要的作用，它涵盖了表达能力、倾听能力、理解能力和反馈能力四个方面。一个人若想在职场上取得成功，良好的沟通能力无疑是其必备技能。本章详细解析了沟通的四个层级，并提供了一些实用的沟通技巧，以帮助大家提升沟通能力，更好地在职场中展现自己的价值。

在职场中，沟通分为四个层级。第一个层级是单向传递信息，即我们常说的"输出"。在这一层级中，我们需要注意语言的表达方式和措辞，以保证信息传递得更清晰、更有说服力。第二个层级是保持开放和真诚的态度，这是沟通的基础。一个开放和真诚的人更容易赢得他人的信任和尊重，从而为有效沟通创造有利条件。第三个层级是具备高度的社会交往能力，包括情绪智力、同理心和人际互动等。具备这些能力的人能够在各种场合游刃有余，与他人建立深厚的关系。第四个层级是精通专业术语，这在某些行业和领域尤为重要。掌握专业术语能让你在与同行交流时更加自信、高效。

　　要提升沟通能力，关键在于不断学习、实践和刻意训练。第一，要学会赞美与欣赏他人。赞美是人际关系的润滑剂，恰当的赞美能拉近彼此的距离，增进彼此的了解。第二，要主动服务他人，主动关心他人的需求，尽力帮助他人解决问题，这能让你在他人心中树立良好形象。第三，要有适度的身体接触。在合适的场合，适度的身体接触能拉近彼此的关系，增强彼此的信任感。第四，要学会倾听。倾听是沟通的关键环节，学会倾听他人的意见，能更好地理解对方的需求和意图。在沟通过程中，要学会提问，通过提问引导对方表达自己的想法和需求。此外，用PREP结构可以帮助你在职场中更好地与上级沟通和汇报工作，积极的自我应验预言可以激发你的潜能，帮助你从心理上轻松化解汇报窘境，促使你更好地完成任务。

第四章
学会高效时间管理

在这个飞速发展的社会中，如何在短暂的时光里完成更多工作、提高工作效率，已然成为职场中不可或缺的技能。在职场中，时间犹如金钱般珍贵，善于把握时间的人往往能在激烈的竞争中脱颖而出，获得出色的业绩和更广阔的发展空间。提升时间管理能力不仅有助于应对职场挑战，更能助力个人成长与发展，取得更为丰硕的成果。通过合理安排时间，我们能够高效地完成任务，减少拖延与焦虑，为未来的职业道路奠定坚实的基础。

时间管理不仅是一种个人能力的提升，更是一种生活态度的转变。当我们开始珍视每一刻，用心规划每一天的行程，生活便会变得更加充实且有意义，我们能更加专注于手头的工作，享受学习和工作的乐趣，更好地平衡生活与工作的关系，提升幸福感。这种生活态度的转变，不仅使我们在职场上游刃有余，更能使我们的人生之路走得更加坚定和自信。我们能更加明确自己的目标和方向，如同探险家一般勇敢地追求梦想。这份坚定与执着，正是我们最宝贵的财富，不论是在职场还是生活中，都能闪耀出璀璨的光芒。

第一节 正确认识时间管理

在快节奏的工作环境中，优秀的时间管理能力至关重要，它通过各种技巧、工具和策略来提高时间利用效率，以实现工作效率和生活品质的双赢。时间管理的作用对于提高个人工作效率和生活质量至关重要。

一、时间管理的误区

许多人误以为时间管理只是简单地安排日程表或使用一些应用程序来记录任务。然而，时间管理的作用远不止于此，它是一种综合性的能力，涉及对时间的认知、利用和规划。下面是几个时间管理中常见的误区。

（一）任务越多、效率越高的误区

有些人误以为一次性承担多个任务能够提高效率，但事实上，这往往会导致注意力分散和质量下降。比如小明总是试图同时处理多项任务，结果导致他无法专注于任何一项任务，工作效率低下。

（二）忽视休息与放松的误区

有些人认为不停地工作能够提高生产力，却忽视了休息与放松的重要性。合理的休息可以帮助恢复身心，提高工作效率。比如玛丽总是忽视休息，结果导致她在长时间工作后出现疲劳和注意力不集中的情况。

（三）不设定具体目标的误区

许多人只是随意地将任务列在清单上，却没有明确的目标和计划。没有清晰的目标会导致行动的随意性，无法有效地利用时间。比如杰克经常将任务列在清单上，但没有设定明确的截止日期或优先级，导致他经常错失重要的时间窗口。

二、做好时间管理的核心要素

有效的管理时间可以帮我们应对日益繁重的工作和生活压力。它不仅关乎工作效率，更关系到个人的生活质量和未来的发展前景。因此，掌握时间管理的核心要素，对于每个人来说都至关重要。

（一）明确个人的职业和生活目标

明确的目标是我们前进的方向盘，它能帮助我们聚焦有意义的事情，避免资源的浪费。例如，小王希望在五年内晋升为部门经理，因此他制定了一系列与之相关的目标，如提升自身技能、拓展人际关系等，以帮助他实现长期目标。这些明确的目标为他提供了清晰的方向，使他在时间管理上更有针对性。

（二）设定切实可行的日常目标和周目标

将短期目标与长期目标保持一致，有助于我们实现目标的过程更加有条不紊。例如，小张每周都会设定具体的工作目标，如每天完成一定量的工作任务，以确保自己在长期目标的道路上稳步前进。这种方法有助于他将时间分配得更加合理，提高工作效率。

（三）运用时间管理工具和方法对任务进行分类和优先级排序

将任务分为紧急与重要两类，并优先完成既紧急又重要的任务。这样可以确保我们在时间紧迫或资源有限的情况下，仍然能够高效地完成工作。同时，可以运用时间管理工具和方法，如待办事项清单、时间追踪器等，帮助我们更好地安排和调整工作计划。

（四）养成良好的时间规划习惯

每天分配一定时间进行任务规划，可以帮助我们更好地应对工作中的各种挑战。同时，每周制订周计划，为关键任务分配时间，有助于我们更加从容地面对工作压力。在时间管理过程中，需要及时分析导致拖延的原因，如任务过重、动力不足等；并针对这些原因，采取相应的应对措施，如分解任务、激励自己等，以更好地提高工作效率。

（五）灵活调整计划

在实际执行计划过程中，我们可能会遇到预料之外的情况，这时就需要我们灵活调整计划。遇到这种情况时，不要慌张，而是要冷静分析，找出最佳的解决方案。同时，要学会委托任务，将一些非关键性的任务分配给他人完成，以减轻自己的工作压力。

综上所述，做好时间管理并非一蹴而就，它需要我们不断地学习、实践和反思。通过明确目标、设定可行计划、运用工具和方法、养成良好习惯以及保持灵活性，我们能够更好地管理时间，提高工作效率，实现个人和职业的双重成长。

第二节 用好时间管理地图

时间管理地图是一个系统的时间管理工具，它帮助我们从宏观角度全面规划时间，让我们把有限的时间投入最关键的领域，以尽可能地实现目标。就像探险家在未知的领域中需要一张地图来指引他们方向一样，我们在人生的旅程中也需要类似的指引，以明确我们的目标，并在特定的时间节点达到这些目标，取得预期的成果。这张时间管理地图能够为我们指引方向，避免我们迷失于琐事之中，防止我们陷入电视剧或游戏的虚妄世界，确保我们能够全面把握时间，有效避免我们在无意义的事情中浪费光阴。绘制时间管理地图是一个将个人目标和计划可视化的过程，它能帮助我们更清晰地看到自己的时间分配情况和目标进展。这个过程不仅帮助我们明确长期和短期目标，还能促进目标的实现。

一、绘制时间管理地图

（一）明确人生方向

明确人生方向，对一个人的成长与发展至关重要。我们需要明确自己的人生目标，从而促使自己成为想成为的人。这需要通过反思过去的经历、记录日记、进行心理测试等方式，深入了解自己的兴趣、价值取向和长期愿望。

（二）制订三年愿景

有了人生方向之后，需要构想三年后的理想状态，涵盖职业、生活、个人成长等各个方面。可以将愿景分为几个关键领域，包括职业发展、家庭状态、健康状况等，并设定具体的愿景，为实现三年后的目标打下坚实基础。

（三）制订年度计划

年度计划是实现三年愿景的关键环节。基于三年愿景，我们需要制定本年度要实现的目标，涵盖自我实现、职业、财务、人际关系、家庭、健康、休闲等方面。为每个方面设定1~2个具体目标，确保目标既具有挑战性，又可实现。

（四）细化为月目标

将年度目标细化为每月需要实现的小目标，有助于我们更好地把握进度。为每个月设定具体行动计划，包括必要的步骤和活动，以支持年度目标的实现。

（五）列出周计划

进一步将月目标分解为每周的具体任务和小目标。制订每周的行动计划，包括关键任务和优先级，确保每周都在向月目标迈进。

（六）制订日常时间表

每天的时间安排和任务列表对于实现周计划和月目标至关重要。制定每日时间表，包括工作、学习、休息、个人兴趣等环节，每个环节要安排具体的任务或活动。遵循每日时间表，确保日常活动安排与周计划和月目标相符。

接下来，让我们通过一个具体的例子详细说明如何绘制和应用时间管理生态图。房健出生于北京，毕业于某知名大学计算机科学专业。他从小对计算机科学有着浓厚的兴趣，大学期间专注于软件开发的学习。他的职业生涯愿景是成为一名成功的软件工程师，同时拥有健康的生活方式和丰富的家庭生活。

第一步：确立人生方向。在进行自我反思后，房健认识到了自己对编程的热爱，希望在技术领域有所建树，同时也重视健康和家庭。他追求的不仅是事业成功，更是希望能够在成功的同时，拥有健康的身体和丰富的家庭生活。因此，他开始制订详细的人生规划。

第二步：制定三年愿景。为了实现人生目标，房健将他的三年愿景分为三个主要领域：职业、健康、家庭。在职业方面，他希望在一家顶尖的科技公司担任高级软件工程师，并领导一个项目团队；在健康方面，他计划保持定期运动的习惯，每周至少锻炼三次，养成健康的饮食习惯；在家庭方面，他希望能够每周至少花两个晚上和家人共度时光，并每年组织一次家庭旅行。

第三步：制订年度计划。基于三年愿景，房健为接下来的一年制订了具体目标。在职业方面，他希望通过软件工程的相关认证，完成至少两个大型项目，提升编程技能；在健康方面，他计划加入健身房，每周锻炼三次，学习健康饮食；在家庭方面，他确保每周至少有两个家庭夜，并计划年度家庭旅行活动。

第四步：细化为月目标。在1月份，他计划参加一个在线的软件工程认证课程，并规划如何完成大型项目。同时，他也将注册健身房会员，制订每周锻炼计划，并着手安排每周的家庭活动，开始规划年度家庭旅行的细节。

第五步：列出周计划。在第一周，他计划完成认证课程的前两个模块，并与团队讨论项目规划。在健康方面，他安排周一、周三、周五下班后去健身房锻炼。在家庭方面，他计划在周五晚上安排"家庭电影之夜"，周末讨论旅行计划。

第六步：制订日常时间表。为了更好地实现周计划，房健还制订了日常时间表。周一早上，他阅读技术文章，激发工作灵感；上午至下午，他专注于当前的软件项目；晚上，他前往健身房锻炼1小时，之后与家人一起散步。

我们通过绘制时间管理地图赋予人生方向，确保年年有目标、月月有规划、周周有计划、日日有清单，从而更好地管理时间，让其发挥最大效能。

二、制订非计划时间表

虽然我们对时间进行了良好的管理和规划，但在实践中却并非一帆风顺。

有些人难以准确估算可用时间，对自己的时间利用情况一无所知。在这种情况下，心理学家费雷博士提出了"非计划时间表"的概念，旨在帮助我们有效利用那些日常生活中不被固定任务所占用的时间段。费雷博士认为我们通常会在日常生活中有一些自由时间，但由于缺乏有效的规划和利用，这些时间往往被浪费了或被不重要的事情占据了。要了解我们究竟有多少自由时间可供管理，你需要制订一份"非计划时间表"。

（一）罗列出每周必须做的事情

这些事情可能包括但不限于：日常办公任务、家务琐事、人际交往、学习提升等。在罗列时，要尽量辐射到工作生活的各个方面，确保全面覆盖。例如，我们可以将这些任务分为几个类别，如工作职责、家庭责任、个人成长等，以便于后续的时间安排。

（二）列出每周的计划内目标事件

列出每周的计划内目标事件。这些事件可能是：项目截止日期、重要会议、约会安排等。将这些目标事件按照时间顺序排列，以便于后续的时间安排。此外，还可以为每个事件设置优先级，以便在时间紧张的情况下合理分配精力。

（三）准备一个"非计划时间表"

将罗列出的计划外事项填写进去，并为每个事项标明所需花费的时间。这部分时间主要包括突发事件、临时任务等，它们往往无法提前计划，但却会对我们的工作生活产生影响。同时，预留一定的缓冲时间，以应对不可预见的情况。

（四）观察可用于自我支配的剩余时间

剩余时间是我们自由安排的时间，可以用来休息、娱乐、锻炼等。合理利用这部分时间，有助于提高我们的生活质量。为了避免过度劳累，我们要确保在紧张的工作和学习之余，留出足够的时间来放松身心。

（五）将计划内的目标事件填入空白格子

将计划内的目标事件填入空白格子，在填写时，要考虑到事件的时间要求、地点等因素，确保每个事件都能顺利开展。为了避免时间冲突，可以提前与相关人员沟通，了解他们的时间安排，以便做好调整。

（六）实现时间可视化

每完成一个任务，就为空白的格子涂上颜色。例如，完成一项任务预计需要半小时，那就在对应的格子涂上半格。这样，我们就能够直观地了解每周的时间分配情况，从而更好地进行时间管理。定期回顾和总结经验，不断调整和完善计划，有助于提高我们的时间管理能力。

通过以上六个步骤，我们不仅可以全面掌握每周的工作生活状况，还能有效地安排时间，提高工作效率。实践证明，这种时间管理方法可以帮助我们更好地面对工作和生活中的挑战，实现工作与生活平衡。

让我们以一个大学生的一周为例，说明如何使用"非计划时间表"来记录和管理时间。

（1）罗列每周必须做的事情（计划外）。上课时间：周一到周五，每天上午8～12点，下午2～5点；自习时间：每天晚上7～9点；饮食时间：每天三餐，分别占用早上30分钟，中午1小时，晚上1小时；社团活动：每周四晚上7～9点；睡眠时间：每天晚上11点到次日早上7点。

（2）罗列每周计划内的目标事件。阅读专业书籍：每周至少完成一本专业书籍的阅读。健身：每周进行三次，每次1小时的健身活动。个人兴趣发展：每周花费2小时学习吉他。

（3）将罗列出的计划外事项填写进"非计划时间表"。根据自己的日程安排，把所有固定事项（如上课、学习、饮食、睡眠和社团活动）先填入时间表，并标明所需时间。

（4）观察可以用于自我支配的剩余时间。在填写完必做事项后，我们发现每天晚上9～11点的时间是空闲的（除周四外），周末的时间相对较为宽松。

（5）将计划内的目标事件填入空白的格子内。阅读专业书籍：决定利用周末的上午时间进行阅读。健身：选择在周二、周四和周六的下午进行，每次1小时。个人兴趣发展：每周日晚上9～11点学习吉他。

（6）实现时间的可视化。通过不同颜色的高亮表示不同的活动。比如蓝色表示上课时间，黄色表示个人学习时间，绿色表示休闲和兴趣活动时间等。可以在时间表上将每个完成的活动涂上相应的颜色，以直观地观察自己的时间分配。

通过这样的记录和规划，我们能清晰地了解自己的时间安排和使用情况，确保完成必要性任务，有序跟踪和实现目标，同时保证足够的休息和娱乐时间，实现学习和生活的平衡。

第三节 时间管理四象限

有人说："在生活中，选择比努力更为关键。"每天我们投入的时间和精力决定了我们一生的成就。然而，对于现代人来说，每天都面临着忙碌而繁重的工作，这些事情仿佛永远也做不完。如果我们不能清晰地区分事情的轻重缓急，那么我们很容易错失重要的机会。我们该如何判断事务的轻重缓急呢？史蒂芬·柯维在其著作《高效能人士的七个习惯》中提出了时间管理的四象限理念，根据事务的重要程度和紧迫程度，将其划分为四个类别，以帮助职场人士更高效地管理时间。

1.重要且紧急的事务：这类事务通常指那些有明确截止日期的任务，或突发的紧急事件，比如紧急会议、突发危机处理等。

2.重要但不紧急的事务：这些事务对实现个人或组织的长远目标至关重

要，但通常没有紧迫的截止日期，比如个人发展、建立关系、健康维护等。

3.不重要但紧急的事务：这类任务看似紧急，但并不对长期目标有实质性的贡献，比如某些会议、某些突发的请求等。

4.不重要且不紧急的事务：这些事务既不紧急也不重要，往往是时间的杀手，比如无目的地浏览网页、过度使用社交媒体等。

时间管理四象限是一种有效的方法，可以帮助人们更好地组织和优先处理任务。这种方法的好处之一是它帮助人们识别和专注于真正重要的任务，而不是被紧急但不重要的事情所困扰。通过将任务分类到不同的象限中，人们可以更清晰地了解自己的优先级，并更有效地分配时间和精力。

重要且紧急的任务需要立即处理，因为它们对目标的实现或者对个人的成长至关重要。这些任务往往是必须立即采取行动的，因为它们直接影响到目标的实现或者可能会导致负面影响。在处理这些任务时，人们需要集中注意力，并采取果断的行动。

重要但不紧急的任务可能不需要立即处理，但它们对个人长期目标的实现非常重要。这些任务包括制订长期计划、发展技能和建立关系等。尽管它们不紧急，但是将时间和精力投入这些任务，可以为未来的成功奠定基础。

不重要但紧急的任务通常是与他人的请求或者突发事件相关联的，它们可能会导致时间上的压力，但并不会对个人的长期目标产生重大影响。在处理这些任务时，人们需要审慎考虑它们的优先级，并尽可能地减少对个人目标的影响。

不重要且不紧急的任务是可以被放置在最后处理的。这些任务既不紧急也不重要，通常是浪费时间和精力的事情。在处理这些任务时，人们需要谨慎评估它们的价值，并考虑是否值得花费时间。

总之，时间管理四象限的方法可以帮助人们更好地理清任务的优先级，从而更有效地利用时间和资源。通过专注于重要且紧急的任务，同时合理安排重要但不紧急的任务，可以提高工作效率，降低压力，并更好地实现个人和职业目标。

例如，项目经理李洁以如下方式将时间四象限法融入到自身工作中。李洁一入职场就明确了她的长期目标。这些目标包括提高在工作中的团队合作和沟通效率，学习一门新的编程语言提升自己的技术能力，保持与远方亲友的联系，以及培养一项新的爱好（比如摄影）。于是，李洁将目标分解为具体的事项，比如她每周组织一次团队会议讨论项目进展，以确保项目顺利进行（重要且紧急）；报名参加在线编程语言课程，以便提升自己的技术能力（重要但不紧急）；每周给至少一位远方的亲友打电话，保持紧密联系（重要但不紧急）；每月参加一次摄影俱乐部的活动，培养个人爱好（重要但不紧急）；应对客户的即时需求（不重要但紧急）和浏览社交媒体了解行业动态（不重要且不紧急）。

李洁对每件事进行时间管理分类。根据时间管理的四象限法，第一类事务包括每周组织的团队会议，这类事务重要且紧急，需要立即处理；第二类事务包括报名参加编程语言课程、每周给亲友打电话、每月参加摄影俱乐部活动等，这类事务重要但不紧急，需要有计划地完成；第三类事务为应对客户的即时需求，这类事务紧急但不重要，要在评估后合理安排；第四类事务为浏览社交媒体了解行业动态，这类事务不重要不紧急，可在空闲时间进行。在此基础上，李洁制定了行动清单。对于第一类事务，她确保每周在固定时间召开团队会议，及时解决项目中的紧急问题；对于第二类事务，她安排每周三晚上在线学习新的编程语言，每周日下午空出时间给远方的亲友打电话，每个月参加一次摄影俱乐部的活动，以促进个人成长和维护人际关系；对于第三类事务，她尝试先评估客户需求的紧急性和重要性，必要时委派给团队成员，或设置专门的时间段集中处理这类需求；对于第四类事务，她决定减少花在社交媒体上的时间，仅在午餐时间简要浏览行业新闻。同时，李洁定期进行复盘和调整。通过有效地处理第二类事务，她不仅提升了自己的专业技能，还加强了与家人和朋友的联系，同时通过新的摄影爱好，她找到了生活中新的乐趣和放松的方式。

第四节 坚持要事第一的原则

面对日常生活和工作中的各种挑战和干扰时，我们往往会迷失方向，不知不觉中忽略了最重要的工作。为了我们能集中精力处理最重要的事项，这就要坚持要事第一的原则。坚持要事第一的原则是指将最重要、最紧迫的任务或目标置于首位，优先处理它们，确保它们得到妥善安排。这个原则的核心理念是要确保我们的时间和精力都放在对实现长期目标或取得成功最有益的事项上。

优先处理重要事项：将关键任务置于首位，确保它们得到及时处理，有助于避免因为琐事的干扰而错过重要的机会或延误时机。

提高工作效率：集中精力处理重要事项能够提高工作效率，避免在次要任务上浪费过多时间，从而更高效地完成工作。

实现长期目标：通过将最重要的任务放在首位，我们可以更加专注于实现长期目标和愿景，而不是被短期琐事所困扰。

减轻压力：处理重要事项可以减轻压力，因为一旦关键任务得到处理，我们就能够更好地掌控局面，减少焦虑和紧张感。

提升自我管理能力：坚持要事第一原则有助于培养良好的自我管理习惯，让我们更好地掌控时间和完成任务，提升自我效能感。

那如何坚持要事第一的原则呢？可以尝试以下四种方法。

一、区分"关注圈"和"影响圈"

为了确保能集中精力处理最重要的事项，我们需要学会区分"关注圈"与"影响圈"。这种方法同样源自《高效能人士的七个习惯》，它可以帮助我们更专注于那些我们真正能够控制和影响的事务，而不是消耗宝贵的时间和精力在无法改变的事情上。

第一步，区分"关注圈"与"影响圈"。"关注圈"包括你所关心的所有事务，无论你是否能对其产生影响，这个圈子里的事务，有些是你可以直接控制的，有些则超出你的控制范围。"影响圈"特指那些你能通过直接行动来影响结果的事务。这个圈子的事务是你可以付出努力，对其产生实际影响的。

第二步，识别并扩大你的"影响圈"。审视当前的工作和生活，识别出哪些领域或任务是你真正能够控制和影响的。积极主动地投入时间和精力，努力扩大这个"影响圈"。比如在工作中，提升自己的技能，使自己能够承担更多责任，你的影响圈就会逐渐扩大，以便更好地应对各种问题。

第三步，有意识地、选择性地投入时间和精力。将更多的时间和资源投入影响圈内的事务，而不是被关注圈内无法控制的事项所分散注意力。对于那些无法直接影响的事项，学会接受、放手，或寻找间接的方法来影响它们。

例如，王刚是一名大学二年级的学生，他同时面临着既要完成紧张的学习任务，又要参加丰富社团活动及充分发展个人兴趣的挑战。他常常感到时间不够用，且容易被身边的各种事务和新闻事件分散注意力。这时他决定通过"关注圈"与"影响圈"来管理和规划他的时间，以确保做到要事第一，集中精力去实现自己真正想要实现的目标。他经常花很多时间关注社交媒体上的新闻和朋友动态，以及全球性的大事件，比如国际新闻或环境变化。而这些事情是他不能影响和控制的，属于关注圈。与此同时，规划学习进度、积极准备考试、参与社团活动、培养个人兴趣（如摄影）是他可以通过个人努力影响和掌控的，这些是影响圈里他真正可以去做的事。通过对"关注圈"和"影响圈"的区分，王刚意识到，虽然了解世界发生的事情很重要，但他更应该集中精力在能够直接影响的事务上。他决定减少浏览社交媒体的时间，而将这部分时间投入到复习课程和社团项目中。于是王刚开始规划他的每周和每日活动。他为学习、社团活动和个人兴趣分别设置了固定的时间段，并确保每天有足够的休息和自由时间。此外，王刚还学会了说"不"，当有不在他影响圈内的活动邀请时，他会根据自己的优先级来做出选择。每周末，王刚都会花时间回顾一周的计划执行情况，评估哪些方法有效、哪些需要改进。几个月后，王刚不仅在学业上取得了优异的成绩，还在学校的摄影比赛中获得了一等奖。

二、通过"碎片整理"法避免干扰

在日常工作中，我们常常会发现，正当我们准备全力以赴地投入工作时，却总是被各种琐事打扰。比如你刚想专心自习，却被室友喊去帮他拿快递；再不就是朋友又来电话邀请你去踢足球。到了晚上，你才发现重要的事情一个都没做。面对这种情况，我们该如何应对呢？学会使用"碎片整理"法或许能帮助我们更好地专注于重要的工作。碎片时间整理法的核心理念是利用日常生活中零散的时间段来完成小任务或进行有效的活动。这个方法的关键在于将碎片时间视为宝贵的资源，而不是可随意浪费的时间。在实践中，你可以将待办事项分解成多个小任务，并在日常生活中的空隙时间完成它们，比如等待公交车、排队或午休时间。这样做不仅能提高工作效率，还能更好地利用时间，使生活更加充实和有意义。

第一步，随时记录。不论是工作中还是生活中，当遇到重要信息或任务时，可以使用手机备忘录、笔记本或其他记录工具，立即将其记录下来。这样，大脑就不会被琐事所占据，能够更专注于当前任务。

第二步，简化笔记。将记录下来的事项进行简要描述，不需要过于详细地分析。简短的笔记有助于大脑快速了解事项的关键信息，从而能更好地安排时间和精力。同时，简短的笔记也可避免我们忘记重要的事项。

第三步，避免过度分析。在处理任务时，尽量避免对每个任务进行过多深入的分析。过多的分析会导致注意力分散，从而能降低工作效率。相反，将注意力集中在任务的执行上，一件一件地完成，能够提高整体的工作效率。

"碎片整理"法的优势在于，它能够帮助我们有效地处理复杂的事务和信息。通过随时记录、简化笔记和避免过度分析，我们可以将注意力集中在最重要的事项上，提高工作效率。此外，这种方法还有助于提升我们的专注力和时间管理能力。当然，"碎片整理"法并非万能。在处理一些复杂程度较高、需要深入思考的问题时，我们需要投入更多的时间和精力。

三、利用番茄工作法保持专注

番茄工作法是20世纪80年代末的一种时间管理策略，由弗朗西斯科·西里洛创立。其核心理念是将工作时间分割为短时高效的片段，并合理安排休息时间，以维持工作者的专注力和积极性。这个方法的命名灵感来自西里洛在厨房使用的番茄形状计时器。在大学时期，西里洛发明了这一方法来帮助自己更专注地学习和完成作业。

番茄工作法的优势在于将工作时间划分为25分钟的小段，这正是人们注意力高度集中的时间节点，充分利用这段时间可以提高工作效率。此外，短暂的休息时间有助于恢复精力，使工作者能够保持积极的工作状态。采用番茄工作法，我们能够在短时间内集中精力工作，避免分心，提高工作效率。定时休息有助于缓解工作压力，减少长时间连续工作带来的疲劳。通过规划和管理番茄工作法周期，我们能够更好地掌控和运用时间。在每个番茄时间结束时，短暂的成就感将激励我们继续前行。番茄工作法尤其适用于需要长时间专注的任务，包括编程、写作和学习等。然而，对于需要频繁沟通协作的工作，或难以在短时间内完成的任务，该方法可能并不适用。番茄工作法的具体操作步骤如下。

第一步，确立任务。明确自己要完成的任务，这可以是学习、工作计划或其他任何需要专注的工作。

第二步，设定番茄时间。给每个任务分配25分钟的工作时间，在这25分钟内，你需要全身心投入，力求在这段时间内实现高效工作。

第三步，专注工作。在开始工作前，关闭所有可能干扰你注意力的设备，包括手机、电脑等。寻找一个安静、独立的环境，以便更好地集中精力工作。在这25分钟内，你需要全力以赴，保持高度专注。

第四步，休息片刻。完成25分钟的工作后，立即休息5分钟。这个短暂的休息时间，可以帮助你从工作中抽离出来，稍作放松。

第五步，循环往复。休息结束后，继续进行下一个任务。每完成一个任务，就进行一次休息。如此循环往复，直至完成所有任务。

例如，李华是一名即将毕业的计算机专业学生，梦想成为一名优秀的软件工程师。然而，在毕业前的实习期间，他面临着繁重的工作任务和紧迫的项目截止日期，这让他感到有些手忙脚乱。李华发现自己经常在工作中分心，难以保持长时间的专注力，因而工作效率不高。

为了解决这一问题，李华决定尝试采用时间管理的方法来提高自己的工作效率。他听说番茄工作法很有效，于是决定尝试一下。

李华首先将工作任务分解成若干个小任务，并为每个小任务设定了具体的完成时间。他使用番茄工作法，将每个小任务划分为25分钟的工作时间和5分钟的休息时间。在工作时间内，他集中精力完成任务，不被任何外界事务干扰；休息时间则用来放松身心，调整状态，为下一个工作任务做好准备。

通过实践，李华逐渐掌握了番茄工作法的精髓。他发现，通过交替的工作和休息，他能够保持更长时间的专注，并且工作效率也得到了显著提高。同时，他也学会了如何合理安排时间，避免在琐碎的事情上浪费过多的精力。

几个月后，李华的实习期满，他凭借出色的工作表现得到了公司的高度评价。他意识到，时间管理不仅是提高工作效率的关键，更是实现职业目标的重要策略。从此以后，他更加注重时间管理，不断提升自己的工作效率和职业素养。

四、告别拖延症

在我们的生活和工作中，拖延是一个普遍存在的问题，它阻碍我们高效地完成任务，降低了我们的工作效率。为了克服这一问题，我们需要探讨造成拖延的原因以及有效的应对策略。心理学家认为，出现拖延行为的主要原因之一是自我约束能力不足，容易受到外界的诱惑。当我们设定了目标，往往却无法在关键时刻保持专注，容易被其他事物所吸引。这种行为不仅影响了我们的工作效率，还会滋生焦虑和无助的情绪。因此，我们需要找到有效的应对方法，以摆脱拖延的困扰，使生活和工作重归正轨。为此，我们可以通过"抗拖延三步法"来克服拖延症。

第一步，停止拖延。当你意识到自己开始拖延时，在脑海中要告诉自己"停"，从而让大脑恢复清醒状态。这需要我们在日常工作中培养自己的观察能力，及时发现自己的拖延行为。

第二步，自我提问。在停止拖延之后，我们要对自己的行为进行反思，可以问自己："我真的想现在做这件事吗？为什么要做这件事？做完这件事后会有什么收获？我打算什么时候完成任务？"通过自我提问，我们可以更好地理解自己的真实需求，从而将注意力集中在任务上。

第三步，立即行动。在自我提问后，我们要立即投入到任务中。可以将任务进行拆解，选择最简单的部分开始执行。这样一来，任务的完成就不再是一个遥不可及的目标，而是可以一步步实现的过程。比如学生田甜原计划上午9点到达学校自习室，对论文进行格式调整。然而，她坐下后却习惯性地拿起了手机，观看最新视频。在看完两个视频后，她意识到自己在拖延，于是她按照"抗拖延三步法"进行操作。首先停止拖延，深呼吸几次让自己恢复清醒。然后，她开始自我提问，思考为什么要调整论文，什么时候必须完成任务，这个论文对她来说有什么重要意义……想到这，她就有了继续改论文的动力。然后，她立即开展行动，打开了论文，开始调整格式。正是因为这三个步骤，她顺利完成了既定任务。在这三个步骤中第二步最为重要，它可以帮我们找到动力，帮我们快速对抗拖延。

通过"抗拖延三步法"，我们可以更好地管理自己的时间和行为，提高工作效率。当然，每个人的情况不同，我们需要根据自己的实际情况对"抗拖延三步法"进行调整。但总的来说，只要我们能够做到自我观察、自我反思和立即行动，就能够摆脱拖延症的困扰，实现自己的目标。在实际应用中，我们可以设定一些奖惩措施，以提高自己完成任务的积极性，比如在完成任务后，可以给自己一个小奖励，如奖励一顿美食等。这样一来，我们就有了更大的动力去克服拖延症，确保任务能够按时完成。

【本章小结】

在当下这个快节奏的时代，时间管理已成为提高工作效率和生活品质的关键因素。本章探讨了如何绘制时间管理地图、确保要事优先，并运用合理的方法提高专注力和工作效率。

（一）绘制时间管理地图：明确个人目标与计划

时间管理地图作为一种可视化工具，能够帮助个人清晰地规划目标。通过梳理个人短期和长期目标，将任务分解为可操作的小步骤，并设定明确的时间表，有助于提高目标的实现概率。此外，定期审视时间管理地图，调整计划和优先级，以确保目标与实际情况相符。

（二）制订非计划时间表：记录与管理时间

制订"非计划时间表"是一种时间管理方法，提倡记录实际花费的时间，以更好地掌握时间的使用情况。通过记录每天的工作内容、花费的时间以及工作效率，个人可以发现时间管理的瓶颈，从而有针对性地进行改进。同时，制订"非计划时间表"还可以帮助个人养成良好的时间观念，提高时间利用率。

（三）时间管理四象限理念：确保要事第一

时间管理的四象限理念将任务按紧急程度和重要性分为四个等级。通过分析任务的四象限属性，个人可以将时间和精力集中在最重要的事项上，确保要事优先。此外，时间管理四象限理念还有助于提高决策能力，避免因为紧急但不重要的任务而影响整体工作进度。

（四）"碎片整理"法与番茄工作法：提升专注力

为了保持专注，可以运用"碎片整理"法避免打扰。将碎片时间整理出来，用于处理简短且相对独立的任务，比如查看邮件、回复消息等。这样可以有效地避免注意力分散，提高工作效率。番茄工作法是一种定时工作方法，它将工作时间划分为25分钟的工作周期和5分钟的休息周期，有助于保持专注。在番茄工作法中，每个工作周期称为一个"番茄"，每四个"番茄"后进行一次长休息。番茄工作法可以有效提高工作效率，减轻工作压力。

（五）合理规划与分配时间：应对工作与生活挑战

在面对工作和生活中的挑战时，合理的时间规划和分配至关重要。通过分析任务需求、工作能力和个人状况，制订实际可行的时间计划。同时，学会拒绝不必要的干扰和琐事，将时间和精力投入真正重要的事项。

总之，时间管理是提高工作效率和生活品质的关键。通过绘制时间管理地图，运用时间管理四象限理念、"碎片整理"法和番茄工作法等，个人可以更专注工作，应对挑战。只有合理安排时间和分配精力，才能在繁忙的生活中实现个人价值，过上幸福的高品质生活。

第五章

做好情绪管理

对于即将步入职场的你来说，将迎来一次重要的转变：从校园生活迈向职场生涯。在这样的工作环境中，你需要快速适应新的工作环境，融入团队，熟悉并掌握工作流程。在未来的职场中，你可能面临各种困难和挑战，以及各种直接或潜在的压力。因此，有效调控情绪、提高抗压能力并保持良好的心理状态，成为当代职场人必须具备的能力和素质。做好情绪管理对于未来的职业发展具有重要意义。情绪稳定、积极向上的员工更容易获得领导的信任和同事的支持，从而获得更多的发展机会。在职场中，个人情绪管理能力直接影响到个人在团队中的地位和影响力。

良好的情绪管理能力有助于提高工作效率。有效管理自己的情绪可以让我们更加专注于工作，减少情绪波动对工作效率的负面影响。情绪稳定的员工更容易保持高效的工作状态，提高工作质量，为企业创造更多价值。

良好的情绪管理能力也有助于建立良好的人际关系。一个善于管理情绪的人通常更能够理解和共情他人，从而建立更紧密的人际关系。在职业发展中，良好的人际关系往往能带来更多的机会和资源。因此，学会调控情绪，以积极的心态面对职场人际关系，是我们顺利发展的重要保障。

良好的情绪管理能力还有助于提升个人魅力。一个能够自我控制情绪、保持理性的人往往更具有吸引力。这种魅力有助于我们提升个人的影响力，赢得他人的尊重和信任。

总之，面对职场挑战，我们要学会调控情绪，提高抗压能力，保持良好的心理状态。只有这样，我们才能在职场中取得更好的成绩，实现自己的价值。在这个过程中，不断提升自己的情绪管理能力，对于我们顺利迈向职场至关重要。为了有效地提升情绪管理能力，我们可以从以下几个方面入手。

首先，觉察情绪的明显变化，包括觉察自己心情的变化、身体肌肉的反应等，以及经常产生某类情绪的场景。其次，识别情绪类别，知道情绪产生的根源。比如愤怒情绪的出现是因为行为受挫不能达成目的，抱怨情绪的出现可能是因为需求没有被满足等。识别到情绪后，按照情绪图谱找到隐藏在背后的需求。最后，调整自己的情绪。我们可以通过沟通，表达自己的需要、请求。当负面情绪比较激烈，或者自身处于情绪管理初级阶段时，我们可以通过运动、冥想或与朋友交流等方式来化解消极情绪。情绪管理不是为了"管住"情绪，而是要利用情绪提供的线索，不断挖掘自己的潜能。通过不断的学习和实践，我们不仅能够更好地应对未来的挑战，还能为个人的职业生涯打下坚实的基础。同时，我们还应该关注心理健康，保持积极的心态。

第一节　了解情绪与大脑

情绪在人们的日常生活中无处不在，它包括欢乐、悲伤、愉悦、愤怒、内疚等多种情感。这些情绪并没有优劣之分，每种情绪都有其独特的价值和意义。我们应该正确理解和处理各种情绪，以发掘潜在的需求、潜力。要深入了解情绪，我们需要追溯到情绪的源头——大脑。大脑作为人体的中枢调控系统，在情绪生成与调控过程中起着举足轻重的作用。根据进化历程，人类大脑可分为爬行脑、哺乳脑和理性脑（人类脑）。这三个部分各自承担不同的功能，共同管理着我们的情绪世界。

爬行脑，也被称为原始脑，主要负责生存相关的基本需求，包括饥饿和避免危险。当我们面临威胁时，爬行脑会激发强烈的情绪反应，包括愤怒和恐惧，以此提醒和帮助我们应对危险。比如在黑暗的夜晚，当你走在人烟稀少的街道上，会突然感受到一种紧张和害怕的情绪，不由得加快脚步。

哺乳脑位于大脑的中层，主要负责我们的情感和社交功能。它使我们能够感知他人的情绪，与他人建立情感联系，并对环境做出适应性反应。比如在与亲朋好友共度欢乐时光时，我们会感受到喜悦、亲近，这些都是哺乳脑在帮助我们建立人际关系、体验亲情和友情的表现。

理性脑（人类脑）是人类特有的部分，它主要负责逻辑思维、抽象思维和概念思考。有了它，我们得以进行思考、推理，甚至拥有跨越时间和空间的思维。这也使我们能够体验到更复杂、丰富的情绪，包括幸福、满足和羡慕等。当你在考试中取得优异成绩或经过努力终于实现了你的目标时，那种幸福感便是理性脑在发挥作用。然而，在情绪生成与调控方面，理性脑的作用相对较弱。当情绪波动加剧时，理性脑往往难以迅速激活，从而导致我们在这种情况下难以有效控制自身的情绪反应。

这三个脑部结构是如何相互作用，共同塑造我们的情绪世界的呢？简而言之，当我们面临生存威胁时，爬行脑会触发强烈的情绪反应；哺乳脑则帮助我们建立情感和社交联系，并调节情绪反应；理性脑则对情绪进行深入理解和调控。了解情绪与大脑的关系，有助于我们更好地应对生活中的种种情绪挑战。面对压力和情绪波动，我们可以通过调控和管理自己的情绪，提升心理健康素养和适应能力。

第二节　激发积极思维

当我们想到令人愉快的事情时，心情会变得开心和兴奋，在做事时也会更加得心应手。相反，当我们想到令人沮丧或担忧的事情时，会感到悲伤或焦虑，在做事时也会变得漫不经心。那么，为什么会产生这种差异呢？认知行为学的ABC理论为我们解释了这一现象。这一理论起源于20世纪50年代的美国心理学家埃利斯（Albert Ellis），其核心观点在于：当面临事件A（Antecedents）时，我们会自然地产生一系列想法B（Beliefs），而这些想法进而对我们的行为C（Consequences）产生影响。

如果我们的想法积极正面，我们会采取积极行动，并往往获得积极的结果。而如果我们的想法消极负面，我们的行动也会变得消极或退缩，最终出现不尽如人意的结果。因此，情绪管理的第一步就是学会控制自己的想法，从而让我们的情绪保持稳定，使我们在职场上充满活力。

一、学写ABC日记

那么，如何保持积极乐观的思维状态呢？我们可以借助ABC日记法，通过自我辩论的方式，将消极的想法转化为积极正向的想法。ABC日记法包含三个关键步骤。

（一）记录事实

当遭遇不好的事情时，我们常常会将事实和自己的想法混为一谈。若想从负向的情绪中解脱出来，我们需要像摄像机一样客观地记录我们所面临的困境，比如早上上班时，一出小区门就遇到堵车。

（二）捕捉想法

当不好的事情发生后，我们真实的想法是什么？当你遇到堵车，眼看就要迟到时，闪现在你脑海中的第一个想法是什么？"我真倒霉，一出门就堵车。"这个想法一出，我们的负向情绪就会随之而来。它直接影响我们的行为，比如我们可能会不停地按喇叭催促前面的司机，或者不停地想着变道超车。

（三）情绪和行为

当不好的事情发生后，你的情绪会怎样？是伤心、难过，还是愧疚、沮丧？不同的情绪可能导致不同的反应，进而影响你的生活。面对困境，要试着调节自己的情绪，积极应对。这样你的心态会更加阳光，你的生活也会变得更美好。

下面我们通过小丽的ABC日记来看一下她是如何记录的。

A（记录事实）：今天下课回到宿舍，发现热水器坏了，无法洗澡。

B（捕捉想法）：这真是件糟糕的事情，因为这影响了我晚上洗澡的计划。

C（情绪与行为）：由于无法洗澡，我感到心情烦躁，影响了晚上的休闲时光。

二、学会与负向想法辩驳

从日记中我们可以观察到，小丽的想法对其情绪产生了影响，进而影响了她的行为。当我们意识到这种想法可能导致不良行为并带来无法接受的结果时，就有必要对这种想法进行深入分析与辩论。对想法的辩论可以从以下四个角度入手。

（一）事实证据

通过事实证据来证明我们的观点可能存在偏差，真相往往隐藏在我们身边，我们可以轻易找到证据加以验证。比如在小丽的例子中，我们可以寻找关于热水器坏了的具体原因，以及是否有其他的洗澡替代方案。

（二）其他可能性

一件事情的发生通常有多个原因，而非单一因素。在分析问题时，我们应该关注所有可能的原因，将重点放在可以改变、特定且非个人化的因素上。比如在小丽的例子中，我们可以思考是否有其他方式可以解决洗澡问题，如使用其他宿舍的热水器或者寻找其他洗浴设施。

（三）暗示

有时我们的消极想法未必会成为现实。在这种情况下，要采用非灾难法进行思考。我们要学会自我提醒：即使这个想法是正确的，它所暗示的含义是什么？这个想法会带来怎样的负面影响？然后，不断核实这些想法是否真实可信。比如在小丽的例子中，我们可以思考一下，无法洗澡是否真的会影响晚上的休闲时光，或者是否可以通过其他方式来调节自己的心情、享受其他活动。

（四）实用性

在面临必须做出决策的情境时，我们不应该问自己"这个想法正确吗"，而应该考虑"现在这个想法对我有用吗",如果答案是否定的,可以采用注意力转移法。假设这个想法是真实的,那么这种情况可能会改变吗?如何改变它?接下来,列出可以改变这种情境的方法。比如在小丽的例子中,我们可以思考一下,即使无法洗澡,是否有其他方式可以让自己放松,或者可以转移注意力去做其他有趣的事情。

我们将结合例子说明如何运用四种途径进行辩论,使消极的想法转变为积极的态度。比如上周三,李华加班回到家已经是晚上10点了,一进门就看到丈夫和孩子正在看电视。她心中闪过一丝不满,觉得丈夫并没有关心孩子的学习,只知道看电视,而不让孩子早点洗澡睡觉。在情绪爆发前,李华冷静地思考了三分钟,试着去反驳这个想法。

一是她给出了证据:每份孩子的作业上都有丈夫认真批改过的痕迹,而且孩子告诉她,爸爸是在批改完作业后才和她一起看电视的。二是她思考了其他可能性:丈夫看电视是不是有其他原因呢?也许是因为当天有一场卫星发射的活动,而女儿正好在学校的科技课上学习了有关卫星的知识,因此看电视也可以算是一种学习。三是她暗示了最坏的结果:如果丈夫不关心孩子的学习,只顾看电视,那么孩子的学习成绩可能会下降,甚至会对孩子的视力造成影响。但事实上,孩子的学习成绩一直名列前茅,视力也保持在健康的水平。四是她考虑了这样的想法是否有用:在这一天晚上,父女俩已经看了一段时间的电视,再不洗澡睡觉,明天可能就无法保持学习状态。通过这样的分析,李华意识到,丈夫并没有完全不关心孩子的学习,只是她之前的想法有些片面,她的怒火也因此逐渐熄灭了。

在工作和生活中,当我们遇到不顺心的事情时,可以尝试用ABC日记法记录下事情的前因后果,并试着对自己的想法进行分析和反驳,让消极的情绪转变为积极的态度,积极的思维方式更有助于问题的解决和心态的调整。

第三节 培养成长型思维方式

你吃过豆腐脑吗？你认为豆腐脑是甜的好还是咸的好？关于豆腐脑的口味，南方人和北方人之间存在着争议。南方人普遍认为豆腐脑应该加糖，而北方人则坚持认为豆腐脑应该加盐。

这种争议的本质是什么呢？是思维方式，思维方式是我们看待世界的方式，它反映了每个人的成长背景和经历。可以将其视为一副有色眼镜，透过它看待世间万物，它可能不完全与现实吻合，也不一定展示了世界的真实面貌。然而，由于这是我们自己所看到的，我们会坚信它是真实的。比如对于豆腐脑的甜咸之争。如果我们能够摆脱思维定式，从对方的视角来看待豆腐脑甜咸问题，就会发现两者都是正确的，只是立场和思维方式不同而已。

一、分辨思维方式

每个人都有自己独特的思维方式，所以每个人所了解的世界都不相同。比如两个人在同一房间写生，其中一人专注于窗外美景，而另一人则关注窗户上的栅栏。对于他们所描绘的景象，没有绝对的对与错，只是他们的思维方式不同而已。正是因为这种思维方式的差异，我们在看待同一事物时有了不同的视角，形成了独特的信念和价值观。在情绪管理时，我们需要认识自己的思维方式，调整我们的思维方式，积极培养成长型思维方式，以确保我们的思维视角能对个人成长产生积极而有意义的影响。

那么，如何转变思维方式呢？让我们首先测试一下自己的思维模式。下面有10个题目，请标注你认同和不认同的分数，在1～5题中，-1表示不认同，-5表示非常不认同；在6～10题中，+1表示认同，+5表示非常认同，请在相应分数上打√。

表 5.1 思维模式检测表

序号	题目	认同程度
1	当学生干部事太多了，我就是累死也做不完	-1 -2 -3 -4 -5
2	现在实在是太卷了，我除了"躺平"又能怎么样	-1 -2 -3 -4 -5
3	工作这么难找，我能怎么办呀	-1 -2 -3 -4 -5
4	又是考研又是找工作，真是让人崩溃	-1 -2 -3 -4 -5
5	人没法变聪明，因为聪明与否是天生注定的	-1 -2 -3 -4 -5
6	当我犯错时，我会努力试着从错误中学习	+1 + 2 +3 +4 +5
7	对于我不擅长的事情，我愿意去尝试挑战	+1 + 2 +3 +4 +5
8	看到同学成功找到工作，我会感到很开心	+1 + 2 +3 +4 +5
9	所有才智、能力均是做出了针对性练习的结果	+1 + 2 +3 +4 +5
10	面对挑战，我觉得这是自我提升和成长的机会	+1 + 2 +3 +4 +5

请计算你的总得分____ 。你的得分越高，说明你的思维模式更倾向于成长性思维；得分越低，则说明你的思维方式更偏向于固定性思维。

如何更好地理解这两种思维方式？经过英国Teach First联合创始人、企业家乔·欧文历时14年对全球领导者的深入研究，发现成功的领导者不仅需要掌握常规技能，还需要具备与众不同的"X因素"，即思维方式。他将人的思维方式分为固定型和成长型两种。这两种思维模式在不同领域中表现出明显的差异。当面临压力和挑战时，拥有成长型思维的人会将其视为成长和学习的机会，坚信自己能在这些情境中取得更好的表现。而固定型思维的人在面对压力和挑战时更容易退缩或回避，比如当工作遇到困境时，他们可能会频繁更换工作岗位，而不能坚持努力以提升自身的能力。相比之下，成长型思维的人具备较高的韧性和毅力，能够在工作中不断努力，逐步提升自己的能力。

在努力方面，固定型思维和成长型思维之间表现出明显的差异。固定型思维者会质疑为何要付出努力，他们认为自己本来就擅长某个领域，进一步努力是愚蠢的行为。相反，成长型思维者乐于不断努力并成长，他们认为努力是通往成功的必经之路。在面对批评时，固定型思维者往往会忽视他人的意见，而成长型思维者则会主动从批评中寻求反馈，将其视为进步的契机。在对待他人方面，固定型思维者通常严苛无情，对他人的不足嗤之以鼻；而成长型思维者则开放包容，待人友善。在面对他人的成功时，固定型思维者往往会感到嫉妒，并质疑他人为何能够取得成功。相反，成长型思维者会为他人的成就点赞，将其作为榜样，为自己规划未来的发展方向。不同的思维方式会影响个人的情绪状态和职场表现。

以大二学生小明和小丽为例，他们都是某大学计算机科学专业的学生，成绩优异，但他们的学习心态和思维方式却截然不同。

小明从小就被称为"神童"，成绩一直是班里的佼佼者，他自信自己具备出众的智力、能力和天赋，自然而然地认为自己应该能够轻松应对所有课程。然而，随着编程、算法等科目难度的升级，他遇到了一些困难和挑战，他常常自责并抱怨："我已经付出了这么多努力，为什么仍然无法达到自己的目标？"面对困难，他选择逃避，因为这些困难似乎对他的自我价值构成了威胁。每当考试成绩不理想时，他总是将原因归咎于自己的发挥失常，而非自己学习方法或努力程度的问题。这种固定型思维导致他在学习上缺乏持之以恒的动力，无法充分发挥自己的潜能。

相比之下，小丽一直被认为是普通的孩子，她的成绩虽然不错，但没有引起太多关注。然而，她坚信勤能补拙：只要通过不断的努力和实践，自己的能力就会得到提升。当遇到困难或挑战时，她从不轻易放弃，而是坚持不懈地寻找解决方法。她将挑战视为成长的机会，深知只有付出才能有所收获。每当考试成绩不尽如人意时，她总能从中吸取教训，反思自己的不足，调整学习策略，并更加努力地投入下一阶段的学习。她明白失败是成功之母，每一次的挫折都是通往成功的必经之路。这种成长型思维让小丽在学习中保持着坚定的信念和旺盛的斗志，充分发挥了自己的潜能。

通过以上的案例可以得出结论，小明的固定型思维导致他在学习过程中产生了消极和沮丧的情绪，面对困难时选择回避而非应对。相反，小丽的成长型思维使她在学习过程中保持着热情和动力，不断挑战自我。由此可见，思维方式对学习成绩具有显著影响。培养成长型思维有助于我们更好地应对挑战，勇敢面对困难，并持续提升自身能力。

二、建立成长型思维模式

成长型思维模式对于保持情绪稳定、激发工作与学习的主动性，以及产生积极情绪非常有帮助。我们可以通过以下四步来建立成长型思维模式。

第一步，接纳自我。我们要勇敢地接纳自己，因为在这个世界上，没有人是完美的。比如我们没有通过驾照考试，我们可以告诉自己："这只是暂时没通过，并不代表我永远都无法通过。下次我需要更加努力。"通过使用"暂时没有"这样的措辞，我们就可以自动进入成长型思维模式。

第二步，转变思维。在决定做某件事之前，我们应该停下来，评估自己内心的想法。我们需要判断这种想法是属于固定型思维模式还是成长型思维模式。如果我们意识到自己正处于固定型思维模式中，我们应该努力将思维转向成长型思维模式。

第三步，分析原因。我们需要找出我们陷入固定型思维模式的原因。

第四步，立即行动。一旦我们找到问题的根源，我们应该将自己的思维模式切换到成长型思维模式，并立即采取相应的措施来解决问题。

比如小美对于在公众场合发言非常害怕，一旦要讲话就会紧张得语无伦次。于是，她决定尝试使用"成长四步曲"来改变自己，以便能够迅速提升自己的公众表达能力。第一步，小美每次要发言前都会对自己说："这次讲不好，没关系。讲得不好只是暂时的，这一次的表现不好只是为了以后的更好。"第二步，小美每次发言前会停下来，注意内心的想法，并刻意将"我不行"或"错了就太丢人"等想法转变为"犯错也没关系，没什么大不了的"或"我会多加练习，下次一定会更好"等想法，这就是将固定型思维转变为成长型思维。第三步，每次发言结束后，小美会冷静下来仔细分析自己为什么感到紧张。她发现自己紧张的原因可能是缺乏公众演讲的技巧、过于在意他人的评价、准备不充分、担心出错或忘词等。第四步，在找到了问题的根源后，小美开始学习公众演讲的技巧，并积极转变自己的思维方式。最终，她成功地克服了公众演讲的困难，赢得了领导和同事的认可。

在本节内容，我们深入探讨了培养成长型思维方式的重要性，以及如何培养成长型思维。通过接纳自我、转变思维、分析原因和立即行动，我们可以逐步改变固定型思维模式，并培养积极的成长型思维方式。培养成长型思维方式是一个持续的过程，需要不断地自我反思和努力。通过接纳自己的不完美，转变消极的自我评价，找出造成固定型思维的原因，并立即行动去解决问题，我们可以逐渐摆脱固定限制，并达到更高的层次。

第四节 打造积极主动的职业形象

在步入职场后，你会发现有的人不仅有积极主动的一面，还存在着消极的一面。他们不解决问题而只是抱怨，遇到问题也只会推卸责任，不愿承担责任，甚至经常拖延，缺乏合作精神，不善于团队合作。这些负面行为影响团队合作、工作效率和个人形象。相比之下，积极主动的职业形象更值得追求，它体现在解决问题、承担责任、主动合作、积极学习和适应变化等方面。

积极主动的职业形象指的是在职场中展现出主动、进取、负责和乐于助人的形象。这种形象不仅反映了一种积极的工作态度，更是职业精神和职业素养的体现。一个积极主动的员工能够激发团队的活力，推动工作的进展，并为公司创造更多的价值。同时，积极主动可以让你获得更多的机会和支持，为个人职业发展奠定坚实的基础。因此，我们应该积极塑造并展现自己的职业形象，体现积极主动的态度与精神。通过持续学习和提升个人能力，积极承担责任并与人合作，不断进取和创新，继而赢得同事和上级的信任与尊重，实现个人职业发展与公司的共同目标。

一、合理分配能量

为了打造积极主动的职业形象，我们可以从合理分配能量开始。通过评估找出能量分配的情况，以便规划并引导更多的能量流向我们最重视的工作，从而在工作中保持良好的状态。现在，让我们一起用能量坐标轴评估在过去一周内你的能量消耗情况。如果你所进行的活动能提升能量，则请将此类活动标注在横轴上方；若它消耗了你的能量，让人感觉很累，则标注在下方；如果既有正向影响，又有负面影响，那么你可以将其标注在中间位置。

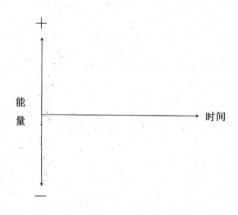

图 5.1 能量坐标轴

在此坐标轴中，横轴代表时间，纵轴代表能量。上方代表正能量，下方代表负能量。通过此坐标轴，我们可以评估在过去一周中你所进行的活动为你的能量带来了何种影响。

在将我们的能量以坐标轴形式呈现后，我们对能量的消耗有了更清晰的认识。当我们的能量较低时，我们容易出现失落、沮丧甚至焦躁不安的感觉。比如当我们进行运动时，我们可能会感到疲倦，质疑为什么要不断努力，导致抱怨情绪的出现，进而消耗更多能量。因此，在更好地了解能量消耗的同时，明确努力的方向，对于提高主动性和塑造乐观形象至关重要。为了打造良好的职业形象，我们可以根据评估结果调整生活方式。合理安排时间，将正能量活动安排在一天中精力充沛的时段，以提高效率。比如将工作和学习安排在早晨和下午，这段时间我们的精力最旺盛，而将休息和娱乐活动安排在傍晚和晚上。

同时，我们要认识到能量消耗是正常的，但过度消耗会导致身心疲倦，影响职业形象。因此，要合理安排休息时间，避免长时间持续高强度的工作和学习。要学会调节能量状态，在消耗较大的活动之间插入一些轻松愉快的活动，比如散步、听音乐、与朋友聊天，以缓解压力，恢复精力。关注自己的心理健康，保持积极乐观的心态。面临困难时，要学会以积极的方式调整心态，应对问题。我们可以参与心理咨询、冥想、瑜伽等活动，提升心理素质，增强抗压能力。

二、积极情绪管理三原则

与此同时，要想打造我们主动的职业形象，做好我们的情绪管理，我们还需要遵守三个原则：以终为始、积极主动、要事第一。

（一）秉持"以终为始"的原则

在步入职场后，我们应为自己设定明确的职业目标，并对期望达到的职业状态进行清晰规划。只有目标明确，我们才能在职场中有的放矢，不断前进，逐渐塑造出积极、向上的职业形象。关于未来一年或两年的发展目标，你有何期待？在财务状况方面，你希望在职场中获得怎样的薪酬待遇和福利？此外，你如何在工作与陪伴亲友之间分配时间？面对职场挑战，你打算为家庭生活投入多少时间？在休闲娱乐方面，你又有何种规划？对这些问题有了明确答案，便能更好地调整自身精力和时间，找到工作与生活的平衡点。反之，若缺乏系统性的规划，你可能会感到心理不适，甚至在工作中产生抵触情绪。尽管在工作中付出了巨大努力，但若忽视了与亲友的关系，比如未能定期与恋人沟通，感情逐渐疏远，最终可能导致恋爱关系出现问题。因此，在追求职业成功的同时，务必关注个人生活和情感需求，实现全面平衡。为此，我们需要遵循"以终为始"的原则，认真思考工作后的生活场景，设定明确的目标，分析在哪些方面需要突破，以及培养哪些方面的能力。

（二）秉持"积极主动"的原则

在生活中，我们每个人都面临着一个有限的精力分配问题。因此，学会合理地分配我们的精力，让它们产生最大的效益，是我们应该掌握的重要生活技能。这就需要我们掌握一个原则——积极主动，我们要明确哪些事情我们是有决策权的。我们每天接触各种信息，包括新闻、娱乐、社交等。为了保持积极主动，我们应该进行选择，将有限精力投入到我们有决策权的事务中，比如提升自身技能、简化工作流程、改善人际关系等。这些行动将直接影响到我们的工作和生活，而无法掌控的无尽信息流则是我们无法改变的。

我们也要认识到，在职场上，我们只能决定自己的态度和努力程度，无法控制他人的行为和选择。因此，我们应该将精力集中在自身的行为和态度上，全力以赴、追求卓越。比如面对一个复杂的项目，我们无法控制团队成员的工作速度和质量，但可以控制自己的工作速度和质量。如果我们全力以赴，做到最好，就能提升个人影响力，从而提高整个团队的效率和质量。积极主动，不仅是一种生活态度，更是一种人生策略。它既能帮助我们充分发挥自身潜力，实现人生价值，还能帮助我们更好地应对复杂多变的社会环境，提升个人影响力。让我们秉持"积极主动"的原则，勇往直前，创造更美好的人生吧！

（三）秉持"要事第一"的原则

在步入职场之后，我们面临的挑战之一就是如何高效地处理工作任务。如果胡子眉毛一把抓，往往会焦头烂额，烦躁不安。为了提高工作效率，我们可以采用"要事第一"的情绪管理原则，更好地分配时间和精力，确保重要且紧迫的任务在限定时间内得以保质保量地完成，以有效缓解紧张和焦虑的情绪。

第一，学会设定明确的目标和优先级。通过制定长期目标、周目标和每日任务清单，我们可以将任务按重要性和紧急程度进行排列，确保优先处理重要且紧急的事务。假设你是一个项目经理，今天你有一个重要的项目报告需要完成，同时还有一些日常邮件需要处理。根据"要事第一"的原则，你会先专注于完成项目报告，因为它对团队和项目进展是至关重要的。

第二，学会时间管理技巧。利用时间管理工具和技巧，包括番茄工作法、时间块等，可以帮助我们集中注意力并提高工作效率。比如在工作中使用番茄工作法，每25分钟专注于一项任务，然后休息5分钟。这样可以提高注意力集中度，同时保持工作动力。另外，避免多任务同时处理也是"要事第一"的重要策略。尽量避免同时处理多个任务，因为这会分散注意力并降低工作效率。因此，我们应该专注于一项任务直到完成或达到合适的转换点。比如在处理项目任务时，避免同时处理其他不相关的工作，集中精力完成当前的项目任务，然后再转移到下一个任务。要秉持"要事第一"的原则，我们还需要及时调整和优化工作计划。定期回顾工作计划和任务进展，及时调整优先级，并重新进行资源分配。比如每周末回顾上周的工作成果和制订下周的工作计划，对已完成的任务进行总结，对未完成的任务重新评估优先级，以确保重要任务得到充分关注。

第三，学会委托和分配任务。通过将一些日常事务委托给团队成员，合理利用团队资源和能力，我们可以减轻个人负担并提高整体工作效率。比如可以委托行政助理处理会议安排和文件整理等日常事务，从而节省时间并集中精力处理重要的项目任务。

通过以上方法，我们可以更好地实践"要事第一"的原则，提高工作效率，确保重要事务得到及时处理或得以保质保量地完成。

【本章小结】

在职场中，情绪管理的有效性与成功之间存在着紧密的关联。本章深入探讨了情绪管理的技巧，从理解情绪的辩证性、分析情绪的结构，到转变思维方式以培养积极心态，再到刻意练习塑造积极人生形象，全面拓展了情绪管理的内涵。此外，本章还介绍了ABC日记法的实用操作方法，该方法可在解析情绪、调整思维方式，以及塑造积极正向的职场形象方面发挥作用。

对于同一件事情，不同的看法和解释会导致不同的情绪反应。比如面对职场压力，一些人可能选择消极应对，认为自己无法胜任工作，从而产生沮丧和焦虑的情绪。而另一些人则采用积极的思维方式，将压力视为挑战和机遇，进而激发斗志和干劲。为了更好地控制情绪，我们可以尝试运用 ABC日记法。通过这种方法，我们能够清晰地观察自己的情绪波动，进一步分析需要调整的信念，从而改变我们的情绪反应。

同时，我们需要培养成长型思维方式。这种积极的心态是可以通过努力和学习慢慢形成的。当我们面对困难和挑战时，成长型思维能够让我们更加坚定地相信自己，勇敢地应对挑战，并从中吸取经验。

本章还介绍了如何合理分配精力，以及如何遵守以终为始、积极主动、要事第一的原则，进一步打造积极主动的职业形象。这使我们能够更高效地完成工作，为我们的职业生涯的长远发展奠定基础。掌握了这些方法，你将能够更从容地应对职场中的各种挑战，充分展现自己的价值和能量。无论何时，你都能够保持情绪的稳定，以积极的心态应对职场中的各种困难，这样才能使成功离你越来越近。

第六章
发展项目管理能力

在复杂的工作环境中，项目管理技能已逐渐成为职场人士必备的核心能力之一。尤其对即将步入社会的大学生而言，掌握这一技能至关重要。项目管理不仅仅涉及时间、成本和范围的管理，还包括人员协调、沟通协作以及风险防控等多个方面。因此，职场新人提前掌握项目管理技能意味着他们能更自信地应对各种挑战，迅速融入团队，并为个人事业发展打下坚实基础。具备卓越的领导力、沟通协调能力和创新能力是管理重大项目的关键。这些能力能确保项目的顺利进行，让人在复杂而繁重的工作中游刃有余，合理分配资源，有效控制进度，从而提高工作效率。在大学生就业市场中，掌握项目管理技能的人更具有竞争力。

随着社会对高素质人才的需求不断增长，具备项目管理经验的求职者往往能获得更多的工作机会和发展空间。对于大学生而言，提前学习项目管理知识不仅有助于提升个人的综合素质，还可以提高求职的成功率。此外，项目管理能力对个人职业发展具有深远的影响。在职业生涯中，人们难免会遇到各种困难和挑战。具备项目管理能力的人能更敏锐地捕捉问题所在，采取有效的解决措施，将风险降至最低。这种能力使得他们在职场中脱颖而出，成为企业的中坚力量。

综上所述，项目管理能力在当今职场具有举足轻重的地位。职场新人应重视培养这一能力，在项目管理方面持续学习和实践，以提升自身的专业素养，继而才能在激烈的市场竞争中立于不败之地，为个人的职业生涯创造更加辉煌的未来。

第一节 认识项目管理能力

项目是一种在特定时间范围内进行的一次性、非重复性的活动，有明确的目标导向和资源限制，包括时间、预算等。在日常生活和工作中，项目的类型繁多，范围广泛，包括新产品开发、婚礼策划、会议组织等，这些都可以称为项目。

一、项目管理

无论我们是办理新生入学报到、学籍注册等一般事项，还是研发新项目等重大事项，都是在进行项目管理。项目管理是一项关键的技能，它普遍存在于我们的日常生活和工作中。无论我们是项目的支持者，还是项目的策划者和推动者，都需要掌握项目管理的核心要点。在项目管理中，我们需要具备制订详尽、全面且可行的项目计划的能力，包括明确项目目标、范围、时间、成本和质量目标，以及分配必要资源。一个优秀的项目计划，可以确保项目始终朝着正确的方向推进，降低后期变更和返工的风险。

我们还需要对项目活动进行排序、估算活动时间、制订进度计划及监控实际进度。高效的时间管理，可以确保项目既不延误，也不超前完成，满足相关利益方的期望。时间管理包括合理安排工作优先级、制定有效的时间表、减少时间浪费以及提高工作效率。这些技能对于项目的顺利进行至关重要，能够帮助我们更好地掌控项目进度，提前发现潜在的问题，并及时做出调整。在项目实施过程中总是伴随着一定的风险。项目管理者需要具备识别项目中潜在风险、评估风险可能性与影响、制定相应风险应对策略的能力。这些策略包括风险规避、转移、减轻及接受等。通过有效的风险管理，可以最大限度地降低项目的不确定性，确保项目进展顺利。风险管理还包括建立风险监控机制，及时跟踪和评估项目风险的变化，以便及时采取措施应对可能的风险事件。

二、项目管理能力

项目管理能力是指在整个项目生命周期中，有效地规划、组织、执行和控制项目，以实现项目目标的能力。它涉及多个维度和多项技能，需要项目经理具备全面的知识和技能来应对各种挑战和问题。

（一）项目策划

项目的成功与否，在策划阶段就奠定了基础。我们需要与相关方进行深入的沟通，明确项目的目标和范围，确保所有参与方对项目的期望和目标有一致的理解。同时，对项目的可行性进行深入研究，评估项目的潜在风险，为后续的项目执行提供参考。在制定项目计划时，要详细到包括项目的时间表、资源分配和预算等各个方面，以确保项目在执行阶段能够按照计划顺利进行。

（二）项目执行

项目执行阶段是整个项目过程中最核心的环节。在这个阶段，我们需要充分利用和整合各种资源，通过有效的沟通和协作，确保项目按照预定的计划和质量标准推进。同时，项目经理需要具备解决问题的能力，及时处理和解决项目中出现的各种问题和冲突，保证项目的顺利进行。此外，我们还要关注团队成员的培训和成长，提升团队的综合素质和工作效率。

（三）项目监控

项目监控是保证项目按计划进行的重要环节。在项目执行过程中，我们需要设立明确的监控指标，对项目的进度、质量和成本进行持续的跟踪和监督。一旦发现偏差，要及时采取纠正措施，确保项目能够在预算、时间和质量方面达到预期目标。同时，项目经理需要具备良好的沟通能力，及时向相关方报告项目进展，协调各方关系，为项目的顺利推进创造有利条件。

（四）项目收尾

项目收尾阶段是对项目进行全面总结和评估的阶段。在项目结束之前，我们需要对项目进行验收，确保项目达到客户的预期。同时，对项目的绩效和效益进行评估，总结项目过程中的经验和教训。此外，我们还需要重视项目文档和知识的管理与传承，为组织的未来项目提供宝贵的参考和借鉴。通过全面的项目收尾工作，为项目的成功画上一个圆满的句号。

项目管理的四个阶段，即项目策划、项目执行、项目监控和项目收尾，是一个循环往复的过程。只有在每个阶段都做到精心策划、严格执行、有效监控和圆满收尾，才能确保项目的成功。项目管理能力既是一种综合性的能力，也是一种思维方式，需要我们具备多项技能和综合运用各种专业知识，才能有效地管理项目并实现项目目标。

第二节 项目的日常管理

在我们的生活中处处都有项目，无论是装修房子还是做一顿晚餐，都需要进行项目的日常管理。在项目实施过程中，日常管理起着关键的作用，能帮助项目团队明确任务目标、合理分配资源、确保项目按计划推进，并及时发现和解决潜在问题。有效的项目日常管理可以提高工作效率，降低成本，最终实现项目目标。为了进行项目的日常管理，可以分为项目拆解、时间估算、设定里程碑和更新迭代四个步骤。

一、项目拆解

项目拆解是将整个项目分解为一个个小任务，这些小任务可以进一步细分。通过将复杂的项目拆解成多个小任务，我们可以更好地应对项目中的挑战，提高执行效率，同时保持积极的心态。比如你要策划一场婚礼，可以将项目拆解为订酒店、拍婚纱照、选婚庆公司、领结婚证、举行婚礼、度蜜月等多个小任务。通过这样的拆解，你成功将一个复杂的项目分解成了多个易于管理的小任务。在拆解任务的过程中，需要尽量让每个小任务都符合SMART原则。SMART原则是指以下五个要素。

具体的（Specific）：明确任务的具体性，避免模糊不清的表达，比如不要写"做好这件事",而是应该具体说明任务内容。

可衡量的(Measurable):任务要有明确的量化指标,以便评估进度和成果,比如"完成拜访10个客户的任务"。

可达成的(Attainable):任务要现实可行,不要设立过高或过低的目标,比如"提高业绩50%"。

相关性(Relevant):任务要与项目目标紧密相连,避免无关紧要的任务,比如"学习英语"与"策划婚礼"无关。

时限明确(Time-bound):任务要有明确的完成时间,以便规划进度和督促执行,比如"一周内完成婚礼策划方案"。

比如小王是一名大二学生,他认识到自己在课堂发言及社交场合中,表达能力欠佳,往往表达不清,词不达意。他希望在接下来的六个月内能够快速提升自己的语言表达能力,使自己在各种场合都能游刃有余地表达观点。为了实现这个目标,他运用了SMART原则对目标进行了拆解。

具体的(Specific):每周至少参加一次辩论社的活动,以锻炼自己的口头表达能力和思维逻辑。并在每次活动结束后,立刻进行自我反思和总结,分析自己的表现,找出可改进的地方。

可衡量的(Measurable):每月至少进行四次公共演讲,每周学习一个演讲小技巧,并在每次演讲中刻意练习。此外,每天记录自己在日常交流中使用的"赘语"数量,并争取每月减少使用"赘语"的数量至少10%。

可达成的(Attainable):根据学期课程安排,小王发现每周有20节课的空闲时间,所以进行每周一次练习,每次30分钟的公共演讲练习是可行的。

相关性(Relevant):提高语言表达能力与他未来的学术和职业发展密切相关。通过提高语言表达能力,他能更好地参与课堂讨论、撰写论文,并在将来的求职过程中脱颖而出,与他的职业愿景是相关的。

时限明确(Time-bound):小王设定了三个月的时间来实现上述目标。每月底,他会进行一次自我评估和总结,分析进步和不足,并根据实际情况调整学习计划。

二、时间估算

为顺利完成每一项任务，我们需要提前做好时间估算。时间估算包括对任务完成时间的预估、向有经验的人请教以获取更准确的时间估计。同时，在安排任务时，需要明确哪些任务可以同时进行，哪些任务需要按顺序完成。比如在筹备婚礼的过程中，婚礼的日期一般已经确定，因此我们需根据经验安排各项任务的完成时间。比如订酒店这个任务一般需要在婚礼前半年完成，以确保婚礼的顺利进行。此外，在安排任务时，还要预留一定的时间余量，以应对意外情况。在实际执行过程中，难免会遇到突发状况，这将影响任务的完成时间。预留时间余量能够确保任务在遇到意外情况时仍能顺利完成。最后，使用PERT估算项目时间。PERT是一种常用于项目管理的估算方法，它能帮助项目管理人员对项目的时间、成本和风险进行有效控制。PERT公式通过分析项目的乐观、最可能和悲观三种时间情况，从而得出项目的预期完成时间。

在应用PERT公式时，首先需要对项目中的每个任务进行时间估算。每个任务的时间估算分为三个部分：最乐观时间、最可能时间和最悲观时间。这三个时间参数可以用来计算任务的预期完成时间和标准差。

PERT公式如下：

$$ET = (OT+4 \times ML + PT)/6$$

$$SD = (PT-OT)/6$$

其中，ET表示任务的预期完成时间，OT、ML和PT分别表示任务的最乐观时间、最可能时间和最悲观时间。通过这个公式，项目管理人员可以对任务的时间进行较为准确的估算，从而为项目进度计划提供依据。

假设有一个开发项目，需要完成三个关键任务：需求分析、设计开发和测试。针对每个任务，根据经验和专业知识，项目经理和团队成员提供了以下持续时间的估算（以天为单位）。

需求分析任务：

OT=5天（最乐观估算）

ML=8天（最可能估算）

PT=11天（最悲观估算）

设计开发任务：

OT=10天（最乐观估算）

ML=15天（最可能估算）

PT=20天（最悲观估算）

测试任务：

OT=3天（最乐观估算）

ML=6天（最可能估算）

PT=9天（最悲观估算）

通过应用 PERT 公式计算每个任务的预计持续时间。

需求分析任务的预计持续时间：

ET=（5+4×8+11）/6=8天

设计开发任务的预计持续时间：

ET=（10+4×15+20）/6=15天

测试任务的预计持续时间：

ET=（3+4×6+9）/6=6天

因此，在这个项目中，根据PERT公式的计算，预计项目的持续时间为需求分析任务的8天 +设计开发任务的15天+测试任务的6天=29天。PERT方法还可以用于识别关键路径和计算项目的风险。关键路径是指连接项目各个关键任务的路径，如果关键路径上的任何一个任务延迟，整个项目的进度都会延迟。通过计算每个任务的预计持续时间和关键路径，可以更好地管理项目并进行决策。

三、设定里程碑

在项目管理中，确立项目的里程碑是非常关键的一步。里程碑代表着项目进程中的关键节点，标志着阶段性工作的完成，以及项目从当前阶段向下一个阶段的过渡。设定具有实际可行性和指导意义的里程碑能够激发我们积极进取的动力，推动项目按照预定计划积极发展。比如在婚礼项目中，领取结婚证就是一个典型的里程碑，它对整个项目起到了积极推动的作用。那么如何确立里程碑呢？请遵循以下几个步骤。

（一）明确里程碑任务

在明确定义项目目标的基础上，可以采用头脑风暴、团队协作等方法，集思广益，对项目中的任务和活动进行详细分析，确定哪些任务或活动可以视为一个里程碑。评估任务的难易程度、重要性以及其对整体项目进度的影响。

（二）为每个里程碑设定合理的时间节点

确保所设定的时间节点既不过于乐观，也不过于保守，要考虑到资源的可用性、任务的复杂性以及潜在的风险因素。通过与团队成员的协商，确保每个人都清楚地知晓每个里程碑的时间节点。

（三）明确里程碑的交付物

每个里程碑都应该有相应的交付物或成果，以确保项目按计划推进。明确每个里程碑的交付物，设定每个里程碑完成时应达到的具体效果。交付物可以是文档、产品原型、测试报告等，具体取决于项目的性质和目标。

（四）制订里程碑计划

将确定的里程碑、相应的时间节点、交付物整理成一份详细的里程碑计划。里程碑计划应包含每个里程碑的名称、时间节点、交付物，以及负责人等信息，确保里程碑计划清晰明了，便于理解和跟踪。

（五）持续跟踪和调整

在项目执行过程中，持续关注每个里程碑的进度和交付物的完成情况。如果发现实际进度与计划存在偏差，要及时采取措施进行调整，确保项目能够按计划顺利进行。比如我们以考教师资格证为例来确立里程碑。

1.明确里程碑任务

里程碑1：确定所要考取的教师资格证级别和相关要求。

里程碑2：制订学习计划和备考策略。

里程碑3：完成备考阶段的学习和模拟考试。

里程碑4：完成报名和准备材料。

里程碑5：参加考试并合格。

2.为每个里程碑设定合理的时间节点

里程碑1：5月底前确定所要考取的教师资格证级别和相关要求。

里程碑2：6月底前制订学习计划和备考策略。

里程碑3：7月底前完成备考阶段的学习和模拟考试。

里程碑4：9月底前完成报名和准备材料。

里程碑5：次年1月参加考试并合格。

3.明确里程碑的交付物

里程碑1：确定所要考取的教师资格证级别和相关要求的记录与研究报告。

里程碑2：学习计划和备考策略文档。

里程碑3：备考阶段的学习笔记和模拟考试成绩。

里程碑4：报名和准备材料的文件与证明。

里程碑5：考试成绩和合格证书。 、

4.制订里程碑计划

里程碑1：了解教师资格证的级别和相关要求，确定所要考取的级别，并进行详细研究和记录。

里程碑2：制订学习计划，包括每天的学习时间安排、重点知识点和备考策略。

里程碑3：根据学习计划，进行系统的学习和模拟考试，持续评估备考情况。

里程碑4：根据报名时间表，准备相关申请材料，确保报名和准备工作按时完成。

里程碑5：参加考试，根据考试情况填写申请材料，并等待考试结果。

5.持续跟踪和调整

在每个里程碑的时间节点前后，进行评估和调整。如果发现进度落后或遇到困难，要及时进行调整和制定解决方案。

定期跟踪里程碑任务的进展情况，确保任务按计划进行，并及时解决可能影响任务完成的问题。

接收反馈和评估结果，根据备考情况进行分析，有针对性地调整学习计划和备考策略。

通过以上步骤，我们可以清晰地看到如何设定里程碑来实现我们的目标。

四、持续更新

持续更新是确保项目顺利进行的关键环节。这一步要求我们不断更新项目日程表，以应对项目过程中可能出现的各种突发情况，灵活调整日程表，确保项目进度不受影响。在实际操作中，更新项目日程表主要包括：一要密切关注项目的进展。在项目执行过程中，可能会出现各种突发情况，比如供应商倒闭、人员离职等。因此，需要密切关注项目各方面的动态，及时发现问题并采取相应的措施。二要具备应变能力。遇到突发情况时，我们要能够迅速做出反应，灵活调整项目计划。比如合作的婚庆公司突然倒闭，我们需要迅速寻找一家可靠的公司替代，以确保婚礼能够顺利进行。三要加强与各方的沟通。在项目执行过程中，及时与团队成员、合作伙伴沟通，了解项目进展，共同解决可能出现的问题。通过沟通，我们可以更好地了解各方的需求和期望，为调整日程表提供依据。四要不断优化项目流程。在项目实施过程中，应不断总结经验教训，对项目流程进行优化。通过持续改进，我们可以提高项目管理的效率，降低风险，确保项目顺利完成。

在深入理解项目日程管理的四个阶段后，我们以暑期赴上海自助游为例，详细阐述了日程管理在实际生活中的应用。

（一）项目拆解

自助游作为一种出行方式，我们需要将整个行程拆解为一系列具体任务。以暑期赴上海自助游为例，行程包括预订机票、安排住宿、制订行程规划、打包行李、乘机出发以及抵达酒店等。通过将项目拆解为多个任务，我们可以更清晰地了解行程中的各个环节，为后续的时间预估和日程管理奠定基础。

（二）时间预估

在实际操作中，我们需要根据任务的优先级和实际情况对各任务所需时间进行预估。如果还有一个月暑假即将到来，我们可以安排一周的时间来完成机票预订，预留一周的时间来了解旅行攻略，提前一周制订好行程计划并预订酒店，最后一周列出行李清单。通过合理的时间预估，我们可以确保行程的顺利进行，避免临时出问题或手忙脚乱。

（三）确立里程碑

在项目日常管理中，里程碑是具有重要意义的节点。在暑期赴上海自助游的例子中，机票预订和酒店预订可以被视为里程碑。一旦成功预订了机票和酒店，我们将拥有明确的出行计划和预订信息，这将为后续的行程提供强大的动力。

（四）持续更新

在实际旅行过程中，可能会遇到各种突发情况，比如旅游旺季导致机票售罄等。在这种情况下，我们需要立即寻找其他出行方案，比如乘坐高铁，并相应地调整日程计划。持续更新意味着我们要不断关注行程中的变化，并根据实际情况进行调整，以确保旅行的顺利进行。

第三节 学习项目风险管理

风险矩阵方法最早起源于20世纪90年代，由美国空军电子系统中心的采办工程小组于1995年4月首次提出。这一方法是项目管理领域中常用的风险评估工具，用于帮助项目团队识别潜在的风险，并制定相应的应对策略。通过结合定性分析和定量分析，风险矩阵方法将项目风险划分为不同的等级，并在矩阵中展示，以便项目团队能够直观地了解风险的优先级。

在项目管理中，风险矩阵方法发挥着重要的作用。它帮助项目团队在项目执行过程中进行风险识别和评估，从而提前预知潜在的问题和障碍。通过定义风险概率和影响等级，团队可以对各种风险进行分类和排序，以便更好地分配资源和制订风险应对计划。风险矩阵方法的使用使项目管理者能够全面了解项目的风险情况，并采取相应的措施来减轻风险带来的影响，确保项目能够按时、按质量完成。

一、定义风险概率和影响等级

在风险管理中，我们首先需要明确两个关键概念：风险概率和影响等级。这两个概念对于我们更好地理解和管理各种潜在风险至关重要。

风险概率是指某个事件在一定时间内发生的可能性。通过对可能性的评估，我们可以将风险概率划分为三个等级：低、中和高。这样的划分有助于我们确定风险的潜在影响程度，并将其纳入我们的风险管理计划。

影响等级是指风险事件发生后对项目或业务的影响程度。通过对影响程度的评估，我们可以将影响等级划分为轻微、中等和严重三个等级。这样的划分使我们能够更好地辨识出那些可能对项目或业务产生较大负面影响的风险，并采取相应的风险控制和应对措施。

二、创建风险矩阵

比如我们创建一个3×3的矩阵，横向表示概率等级，纵向表示影响等级。矩阵中的每个单元格代表一个特定的风险等级组合。

表6.1 风险等级表

影响等级		低	中	高
	严重	中风险	高风险	极高风险
	中等	中低风险	中高风险	很高风险
	轻微	低风险	中风险	高风险

概率等级

三、评估每个风险事件

让我们以一个软件开发项目为例，识别并评估以下两个风险事件的发生概率和潜在影响。第一项风险事件（A）是需求频繁变更，可能导致项目延期。经过评估，我们发现该事件的概率属于中等，对项目的影响也属于中等程度。因此，我们将风险事件（A）归类为"中风险"区域。第二项风险事件（B）是关键技术人员离职，可能会对项目进度和质量产生影响。尽管该事件的发生概率较低，但其潜在影响却是严重的。因此，我们将风险事件（B）归类为"高风险"区域。通过对风险事件的评估，我们能够针对不同风险等级的事件制定相应的应对措施，以有效降低风险对项目的影响。在实际操作中，可以根据项目需求和风险变化对风险矩阵进行调整，以确保项目风险管理的高效性和实时性。

四、制定风险应对策略

根据风险事件在矩阵中的位置，我们可以运用TAME原则（转移、接受、降低、消除）来制定相应的策略，以应对项目风险。TAME原则是一种常用的风险管理工具，它由四个字母组成，分别代表转移（Transfer）、接受（Accept）、降低（Mitigate）和消除（Eliminate）。

转移（Transfer）风险：指将风险责任转移给第三方，降低自身承担风险的可能性。这可以通过购买保险、签订合同或外包等方式实现。转移风险可以帮助个人或组织在面对风险时将责任分享给专业机构或合作伙伴，从而降低损失的可能性。

接受（Accept）风险，接受风险意味着保持现状，不采取主动行动来改变风险的状况。虽然这种方法可能会增加损失的潜在风险，但有时接受风险是不可避免或成本最低的选择。在接受风险的情况下，个人或组织可以采取一些措施，比如建立应急储备机制或制订灵活的计划，以应对可能发生的不利情况。

降低（Mitigate）风险，降低风险是通过采取一系列措施来降低风险的可能性，降低风险对个人或组织的影响。这包括识别和评估风险、制定有效的应对策略、实施风险管理计划等。通过降低风险，个人或组织可以提升应对风险的能力，减少潜在的损失并提高项目或业务的成功率。

消除（Eliminate）风险，该策略旨在通过采取措施，完全消除或彻底减小风险的概率和影响。消除风险通常是通过识别并解决风险的根本问题来实现的，这可能涉及改变流程、采取额外的安全措施、修复潜在缺陷或排除潜在危险源。通过消除风险，个人或组织可以大大减少问题的出现和损失。如果风险过大，无法避免，我们可以选择承担一定费用，寻求第三方帮助。同时，进行物资储备以应对风险，并通过一系列措施降低其对我们的影响。

接下来我们以软件开发项目为例，详细讲解如何为这个项目创建风险矩阵。

（一）风险识别

在该项目中，项目组经过讨论后发现可能遇到以下几种风险：技术难题、用户需求变更、预算超支和市场竞争。技术难题指的是可能会遇到预料之外的技术挑战，导致开发延期；用户需求变更是指客户可能在项目进行中更改需求，导致额外的开发工作；预算超支是受某些因素影响，项目成本可能会超出预算；市场竞争是指市场上出现类似的应用，影响我们产品的竞争力。

（二）定义风险概率和影响等级

为了更加直观地理解风险概率，我们将其进行量化，分为五个等级：很低（10%以下）、低（10%～30%）、中等（30%～70%）、高（70%～90%）、很高（90%以上）。影响等级则分为五个等级：可忽略、轻微、中等、严重、灾难性。我们需要对项目中的每个风险进行概率和影响等级评估。评估结果如下：技术难题的概率为中等，影响严重；用户需求变更的概率为高，影响中等；预算超支的概率为低，影响中等；市场竞争的概率为高，影响严重。

（三）创建矩阵

按照分析，我们创建了5×5的矩阵、以此表现风险等级。

表 6.2 项目风险等级表

影响等级	灾难性				
	严重			技术难题	市场竞争	
	中等		预算超支		用户需求变更	
	轻微					
	可忽略					
		很低	低	中等	高	很高

概率等级

（四）确定风险等级

根据矩阵，我们可以看到技术难题和市场竞争是高等级风险，因为它们的概率和影响等级都很高。用户需求变更也是高等级风险，因为它的概率很高。而预算超支是中等风险，因为它的概率较低。依据TAME原则，针对各项风险制定相应的应对策略。

1.针对技术难题

消除（Eliminate）：在项目初期，通过深入技术研究和试验，力求消除技术难题。

降低（Mitigate）：若技术难题无法完全消除，采取技术预研、原型测试等方法，降低其复杂性和风险。

2.针对用户需求变更

接受（Accept）：承认用户需求变更的可能性，并将其视为项目组成部分。

降低（Mitigate）：加强与客户的沟通，及时获取需求变更信息，调整项目计划，降低相应风险。

3.针对预算超支

转移（Transfer）：尝试与供应商或合作伙伴共担风险，通过合同条款将部分预算超支风险转移。

降低（Mitigate）：实施严格预算控制及定期审查，降低预算超支可能性。

4.针对市场竞争

消除（Eliminate）：通过深入市场调研和持续产品创新，减轻或消除市场竞争对项目的影响。

接受（Accept）：承认市场竞争的存在，将其视为项目风险部分，制定相应市场策略去应对。

同时，我们要及时更新和监控风险矩阵，定期回顾风险矩阵，以观察风险的当前状态。如果某个风险的状态发生变化（如概率增加或影响扩大），我们会及时调整其在矩阵中的位置，并更新应对策略。定期与项目团队成员和利益相关者沟通风险矩阵的内容或更新情况，以便他们了解项目的风险状况。

五、采用"结果最优化"模型

我们知道时间总是有限的，而且一些突发事件会让时间变得更紧迫。为了在有限的时间内取得最佳效果，我们可以采用"结果最优化"模型，将可用时间平均划分为三个阶段，将项目分为三个阶段来完成。

第一阶段：收集基础信息，整合概念，快速实施并推出第一版初稿。

第二阶段：在第一版的基础上，在小范围内推出，并收集反馈意见，迅速迭代并推出第二版优化稿。

第三阶段：在第二版的基础上，明确内容指标，得到最适合的版本。

通过三次迭代持续优化，最终得到质量更高的成果。在执行过程中，不断见证项目成果的进展，能获得原本三倍的成就感。

比如大四学生小李，需要在一个月内完成一篇学术论文。为了确保论文的质量并按时完成，他决定采用"结果最优化"模型来指导自己的写作过程。

第一阶段：小李首先收集与论文主题相关的资料和文献，确定研究问题和假设，以及论文的结构和大纲。他迅速开始写作，撰写了论文的摘要和引言部分。第二阶段：对论文的主体部分，小李注重收集和分析数据、整理文献、撰写理论分析和研究结果。他不断地修订和改进论文内容，以保持论文的质量和学术性。第三阶段：在论文的结论部分，小李仔细回顾研究过程、总结研究结果，并提出有利于未来研究的建议。他进一步修改和完善论文的语言和格式，以确保论文符合学术规范和要求。通过"结果最优化"模型的指导，小李不仅按时完成了论文，还提高了自己的学术写作能力。在写作过程中，他不断目睹自己的进步和成果的进展，获得了很大的成就感。

第四节 做好项目复盘

复盘原本是围棋中的一个术语，是指棋手在下完一盘棋后，要在棋盘上重新摆一遍，看看哪里下得好，哪里下得不好。下得好的要继承，下得不好的，要在重新摆的过程中探究怎么样落子才更好。复盘，是棋手增长棋力的最重要方法。要提升我们的项目管理能力，学会复盘并从中学习、从经验中成长是非常关键的一步。

一、回顾目标

回顾目标可以帮助我们明确行动的方向，设定清晰的目标，制订合理的计划，以及预估可能的风险。只有当我们对这些问题有了明确的答案，我们才能更好地开展行动，取得预期的成果。同时，这个过程也提醒我们要始终保持清晰的思维和明确的目标，以便我们在面对困难和挑战时，能够迅速调整策略，继续前进。在实际行动中，我们可能需要不断回顾和调整这些问题的答案，以适应不断变化的环境和情况。

（一）初心回顾

当初行动的意图是什么？要回顾行动的初衷，理解为何要进行这项行动，我们思考的角度和出发点是什么？这是为了确保我们的行动有明确的方向，避免盲目行事。

（二）目标设定

这项工作的目标是什么？要明确行动的终点，以便我们清楚知道应该做什么，以及如何做？这是一个关键的步骤，因为它直接关系到我们的行动成果。

（三）计划回顾

我们预先制订的计划是什么？要详细描述从行动起点到终点的具体步

骤和方法。一个良好的计划可以使我们在行动过程中更有条理、更高效。

（四）风险预估

事先设想要发生的事情是什么？要预测可能面临的风险和挑战，以及我们需要做出什么样的努力来应对这些风险？通过预估风险，我们可以提前做好准备，降低风险对我们的影响。

二、评估结果

在明确目标后，我们需要对实现目标的过程进行评估，以了解实际结果与预期目标之间的差距。在评估结果阶段，我们需要全面、客观、公正地对待实际成果，既要看到取得的成功，也要正视存在的问题。在实际操作中，评估结果的方法可以采用量化与定性相结合的方式，确保评估结果的准确性和可靠性。同时，要注重多方参与，听取不同意见，以获得更全面、更客观的评估结果。我们可以通过回答以下问题对结果进行评估。

（一）最终的结果究竟是什么样的

为了更好地回答这个问题，我们需要对实现目标的过程进行全面回顾，了解各项任务是如何完成的，以及最终结果是否达到了预期。这包括对成果的质量、数量、时效性等方面进行评估。

（二）在什么情况下得到了这个结果

这个问题有助于我们了解在实现目标的过程中，遇到了哪些困难，采取了哪些策略，以及外部环境因素对结果产生的影响，以便总结和提炼对后续目标实施有价值的经验和教训。

（三）与目标相比，哪些地方做得好？哪些地方未达到预期目标

这个问题要求我们对成果进行辩证看待，既要肯定取得的进步，也要找

出存在的问题。通过对做得好的方面和未达到预期目标的方面进行总结，可以让我们更好地了解优势和不足，为下一阶段的目标设定提供参考。

三、分析原因

当实际成果与预期目标存在差距时，我们需要深入地分析原因，找出项目成功或失败的根本原因。这样，我们才能为后续的改进和优化提供有力的依据。为了更全面地审视这个问题，我们可以从以下几个角度进行原因分析。

（一）寻找差异

实际结果与预期目标是否存在差异？我们需要首先确认项目实际成果与预期目标之间是否存在差异。只有明确了这一点，我们才能进一步寻找差异出现的原因。差异可以表现在项目的各个方面，如进度、质量、成本、效益等。因此，我们要关注这些方面的数据和信息，以确保全面了解项目实际情况。

（二）分析差异原因

如果存在差异，原因何在？是哪些因素导致了这种差异？在确认实际结果与预期目标存在差异后，我们需要深入挖掘差异出现的原因。这往往涉及多个因素的综合作用。例如，技术问题、管理不当、资源分配不合理、外部环境变化等都可能导致项目成果与预期目标产生偏差。我们要从多个层面分析这些原因，找出关键因素，为后续的改进提供指导。

（三）分析差异本质

对于存在的差异，我们需要弄清楚差异的本质是什么，是一时的短暂现象还是长期的趋势？在了解差异的原因后，我们还需要进一步分析差异的本质。这是判断差异是否会对项目产生长期影响的关键。如果差异是一时的短暂现象，那么我们可以采取针对性的措施加以解决；如果差异呈现出长期的趋势，那么我们就需要从战略层面思考，对项目进行全面的调整和优化。

（四）制定改进措施

在明确了差异的本质和原因后，我们可以根据分析结果制定相应的改进措施。同时，要明确责任分工，确保各项措施得以有效落实。在实施改进过程中，我们要密切关注差异的变化，随时调整措施，以确保项目逐步走向成功。

总之，当实际成果与预期目标存在差距时，我们要从多个角度进行自我审视，找出根本原因，并为后续的改进和优化提供依据。只有不断改进，我们才能使项目更好地实现预期目标，取得成**功**。

四、总结经验

复盘的核心目的是从实际行动中学习经验教训，并将其应用于后续行动的改进之中。因此，确定导致行动成败的关键原因，找出解决方案，也是复盘整个过程中最重要的步骤。

小李是一名即将毕业的大学生，他在大学期间担任了学生会主席。为更好地规划自己的职业生涯，他决定对自己的这段经历进行深入的复盘。

回顾目标：小李在担任学生会主席之初，就明确了自己的目标，那就是通过这个角色，提升自己的组织、协调和沟通能力，为未来的职业发展打下坚实的基础。

分析过程：小李仔细回顾了自己在担任学生会主席期间的经历，他发现自己擅长策划和组织大型活动，能够在紧张的日程中保持冷静，但同时发现自己在处理突发事件和人际关系上，还存在一定的不足。

总结经验教训：小李深刻认识到，在未来的职场中，除了专业知识，应变能力、沟通协调能力同样至关重要。他决定在未来的工作中，有针对性地提升这些能力。

制定改进措施：为了提升自己的应变能力和沟通协调能力，小李制订了详细的计划。他决定在未来的工作中，主动承担更多的工作任务，多参与实战项目，以提升自己的应变能力。同时，他还计划积极参加各类培训课程和研讨会，多积累专业知识，并与同行进行交流，以提升自己的沟通协调能力。

传承经验教训：小李明白，复盘的过程并非仅仅是为了个人的成长，更重要的是要将经验教训分享给更多的人，让整个团队乃至整个组织都能从中受益。因此，他经常在团队内部进行经验分享，让更多的人能够借鉴他的经验，提高工作效率，实现共同成长。

通过小李的例子，我们可以看到，复盘是一个极具价值的过程。它可以帮助我们清晰地认识自己，发现自己的优势和不足，从而为未来的职业发展提供有力的支持。同时，复盘过程中的经验教训不仅适用于个人，还可在整个团队乃至组织中进行传承，以提高整体的行动效率。这是一种高效的成长方式，也是一种推动组织发展的有效途径。

【本章小结】

项目管理作为一种核心技能，已经渗透到我们的日常生活和工作中。在这个快节奏的时代，掌握项目管理能力不仅有助于提高工作效率，而且能够在很大程度上提高个人综合素质。因此，深入理解和掌握项目管理方法对于提升个人竞争力和社会地位具有重要意义。

（一）项目管理能力的内涵

项目管理能力不仅涉及对项目的简单管理，而且涵盖对项目策划、执行、监控和收尾等全过程的系统化管理。

1. 项目策划是项目管理的基础，要求项目经理对项目的目标、范围、进度、成本、风险等方面进行全面分析，为项目的顺利实施奠定基础。

2. 项目执行阶段是项目管理的核心环节，要求项目经理合理分配资源、确保团队成员协作顺畅，以实现项目目标。

3. 项目监控是为了确保项目在预定的时间、成本内完成，需要对项目的进度、成本、质量等关键指标进行实时跟踪和控制。

4.项目收尾阶段是对项目成果进行验收、评估和总结的过程，旨在为未来项目提供经验和教训。

（二）项目日常管理的关键步骤

项目日常管理是项目管理的重要组成部分，以下四个关键步骤将帮助你更好地掌控项目进度。

1.项目拆解：将项目分解为若干个相互关联的子项目，明确各子项目的目标和任务，有助于实现项目进度的高效控制。

2.项目估算：对项目的各个阶段进行时间、成本和资源等方面的估算，以便为项目进度计划提供依据。

3.明确里程碑任务：设定项目中的关键节点，确保项目按照预定的时间进度推进。

4.持续跟踪更新：在项目实施过程中，对项目进度进行实时监控，并根据实际情况对计划进行调整和优化。

（三）项目风险管理方法

项目风险管理是确保项目顺利进行的关键环节。通过使用风险矩阵方法，对项目风险进行评估和优先级排序，并制定相应的应对策略。

1.风险识别：识别项目中可能出现的风险，比如技术难题、用户需求变更、预算超支和市场竞争等。

2.风险评估：对识别出的风险进行定量和定性评估，确定风险的严重程度和发生概率。

3.风险排序：根据风险的严重程度和发生概率，对风险进行排序，确定优先级。

4.制定应对策略：针对不同风险，制定相应的应对措施，以降低风险对项目的影响。

（四）项目复盘与经验传承

项目复盘是提高项目管理能力的重要手段。通过回顾目标、分析过程、总结经验教训和传承经验教训四个步骤，我们能够在总结经验中不断成长。

1.回顾目标：回顾项目初始阶段设定的目标，评估项目实际成果与预期目标的差距。

2.分析过程：对项目实施过程中的关键节点进行深入分析，找出成功和失败的原因。

3.总结经验教训：从项目实施过程中提炼出有价值的经验教训，为未来项目的实施提供借鉴。

4.传承经验教训：将总结的经验教训进行整理并传承下去，提高整个团队的项目管理能力。

总之，项目管理能力是我们应对现代社会中挑战的重要武器。通过不断学习和实践，提高个人的项目管理能力，我们可以在日常生活和工作中展现出卓越的才华。

第七章
培养团队协作能力

随着技术的快速更新和市场的持续演变，许多项目和任务需要跨部门、跨领域的团队合作才能完成。在这样的环境下，追求个人的成功已不再是最佳选择，快速融入团队并提高团队协作能力才是取得成功的关键。具备团结协作能力的团队能够整合各成员的专长和优势，形成强大的合力。这种合力不仅有助于快速完成任务，还能确保工作品质。团队成员之间的有效沟通和协调可避免重复劳动和资源浪费，从而提高工作效率。同时，相互监督和反馈有助于及时发现并修正错误，保障工作精确性和质量。团队协作能力对个人职业发展具有重要意义。善于团队协作的个人往往能更快地融入团队、赢得信任，从而获得更多机会和资源，实现职业发展。通过团队协作，个人能够借鉴其他成员的经验，不断提升个人的能力和素质。此外，团队协作还有助于拓展人际关系和社交网络，为未来职业发展奠定坚实基础。因此，提高团队协作能力对于个人和组织的发展都至关重要。它不仅能够帮助我们更好地适应复杂多变的职场环境、提高工作效率和质量、培养团队精神和集体荣誉感、促进个人职业发展，还能够推动组织的创新和发展。团队协作还能促进组织内部的创新和持续发展。因此，我们应该重视团队协作能力的培养和提升，不断提高自己的团队协作能力，以应对日益复杂多变的职场挑战。

第一节 正确认识团队成员

进入职场，就像开始了一段新的旅程，而你将成为其中的一员。面对各种团队，无论大小，它们都是职场生态中重要的组成部分，为整个组织注入了活力和创意。

如何更好地融入每个团队呢？答案其实很简单，除了提升技能和积累知识外，更重要的是去了解团队中的每个人——理解他们的性格特点，明确他们在团队中的角色定位。这种全面的了解，不仅能够帮助你与团队成员和谐共处，还能促进你实现职业发展和实现团队目标。这就像一个寻宝游戏，需要你投入时间和精力，去观察、交流甚至亲身体验，从而发现每个团队成员的独特贡献。想要了解这个游戏的"成功秘籍"吗？那就是不仅要了解性格的多样性，还要研究每个人的优势、偏好、工作风格，以及他们在团队中展现出的杰出能力。

一、了解团队成员的行为特征

在复杂的职场环境中，了解团队成员的行为特点是非常重要的。掌握团队成员的行为特点不仅需要智慧，还需要一定的技艺。就像一个指挥家了解如何将乐队中不同乐器的独特音色融合在一起一样，我们也需要善于了解团队内每个成员的性格特点，以形成和谐且高效的工作节奏。我们将借助DISC理论来揭示团队成员的行为特点。

DISC理论由心理学家威廉·莫尔顿·马斯顿于1928年在其著作《情绪的表达：人类意志行为的解释》中首次提出。他将人类情绪表达划分为四种主要行为特点：支配（Dominance）、影响（Influence）、稳定（Steadiness）及服从（Compliance）。马斯顿强调，这些行为特点并非一成不变，而是随着环境和情境的变迁而调整。需要注意的是，马斯顿提出该理论的目的在于解析人类如何适应环境中的情绪和社交情境，而非评估人格或智力。

在这一理论的基础上，心理学家沃尔特·V.克拉克在20世纪50年代对DISC理论展开了商业化应用，并研发出适用于职场和组织环境的DISC行为评估工具。经过多次修订和完善，DISC评估工具如今已经发展成广泛应用于个人和团队发展的有效评估工具，旨在分析人们在职场中的行为特点，为个人和团队发展提供有益参考。

依据DISC理论，我们可以将团队成员分为四种类型。不同类型的成员表现出不同的特点，我们可以通过观察成员的行为、沟通方式和工作习惯来初步判断与识别他们的DISC类型。

D（Dominance）支配型行为特征：果断、直率、追求成效、热衷于挑战、自信且决策果断。沟通风格：坦诚且直接，热衷于主导对话进程，可能在交流过程中表现出强势的态度。工作习惯：乐于担任领导角色，擅长管理任务，倾向于主动解决问题，不太愿意受过多细节或程序约束。

I（Influence）影响型行为特征：热情洋溢、乐观向上、热衷社交、口才出众、说服力强，但有时可能在组织规划方面略显不足。沟通风格：以开放和友好为主，善于运用故事和实例进行表达，强调情感联系。工作习惯：在团队协作中表现优秀，擅长鼓舞他人，但在关注细节和跟进方面可能有所不足。

S（Steadiness）稳定型行为特征：沉稳、均衡、可信、偏爱和谐、抗拒变革、注重团队协作。沟通风格：柔和平顺，擅长倾听，注重他人感受，避免冲突。工作习惯：在稳定环境中表现优异，偏好明确指示和预期，对突发变动和不确定性较为敏感。

C（Compliance）服从型行为特征：关注细致入微、富有组织性、逻辑鲜明、遵守纪律、可能表现为谨慎或保守。沟通风格：以事实为基础，倾向于逻辑性表达，陈述意见时较为克制。工作习惯：注重品质和精确性，偏好独立作业，可能在面临压力或需要迅速适应变动时感到为难。

通过了解团队中成员的行为和交流模式，我们可以判断他们的DISC类型，从而更好地与他们相处，及时化解不必要的冲突，促进团队合作。然而，需要注意的是，个体的行为可能因不同的环境和情境而变化，一个人可能在不同时间展现出不同DISC类型的特征。因此，我们应以开放的心态观察、倾听，用心感受团队成员行为背后的情绪和感受，并真正理解他们的行为和需求。我们要学会根据不同的性格特点调整自己的沟通方式，用他们喜欢的方式与他们沟通，用他们喜欢的行为风格与他们相处，并注意观察自己在团队中的行为和表现，以判断我们自己的DISC类型。通过扬长避短，有针对性地提高自己的团队协作能力，这样我们才可以更快速地融入团队。

二、明确团队中的角色定位

想象一下，每个团队都是一艘驶向成功之岸的船，而团队成员则是推动艘船前进的风帆。只有当每一片风帆都在正确的位置上接受风的力量时，船才能乘风破浪，顺利前行。因此，我们必须明确各成员在团队中的职责，以便充分发挥各自的能力和潜力，以实现团队的目标。

贝尔宾团队角色理论是由英国组织行为学家梅雷迪思·贝尔宾博士提出的，主要研究团队角色、团队合作，并详细分析团队成员如何在团队中扮演不同的角色，以及如何协同工作以实现团队目标。该理论提出了九种不同的团队角色。

鞭策者：作为团队领导，他们具有强烈的自我意识和远见，能够洞察团队发展的方向。鞭策者负责制定策略、分配任务和管理进度，通过有效的领导力，激发团队成员的潜能，推动团队目标实现。他们通常被视为团队的核心人物，肩负着团队成功的重任。

执行者：执行者是团队中的实际工作者，他们具备高度的责任感和自律性。他们关注细节，以确保团队日常运作顺利。执行者不仅能够圆满完成任务，还能够适应团队环境的变化，灵活调整自己的工作方式。他们是团队中不可或缺的支柱。

协调者：协调者擅长整合团队资源，包括人力、物力和财力等，以确保团队成员之间的沟通顺畅。他们致力于维护团队和谐，建立共识，保障团队高效运作。协调者如同团队的"润滑剂"，使各个角色之间能够更好地协同工作。

智多星：智多星是团队中的创新者和发明者，他们具备提出新颖想法和策略的能力。创新者通过挑战传统思维，为团队带来新的观点和思维方式，激发团队发展活力。他们是团队进步的动力来源。

外交家：外交家负责寻找和挖掘团队所需资源，包括人力、物力、财力等。他们擅长发掘和利用各类资源，为团队成功提供有力支持。外交家具有敏锐的洞察力，是团队发展的有力保障。

审议员：审议员负责全面评估团队工作，分析不足，提出改进建议。他们为团队提供指导和支持，确保团队在正确的方向上不断前进。审议员具有客观公正的评价体系，有助于团队不断提升。

凝聚者：凝聚者在团队中充当"支持者"角色，乐于接受他人领导，负责执行他人策略。他们擅长合作，为团队和谐稳定作出贡献。凝聚者如同团队的"粘合剂"，使团队成员更加紧密地团结在一起。

完成者：完成者注重细节和精确性，确保任务高质量完成。他们具有强烈的责任感和自律性，是团队完成任务的"质量保障"。完成者在团队中发挥着稳定作用，使团队在完成任务的过程中始终保持高效和高质量。

专业师：专业师是团队中的专家，他们在特定领域拥有深厚专业知识和经验。专业师为团队提供专业建议和指导，协助解决技术性和专业性问题。他们是团队在特定领域的"导师"，引领团队在专业领域不断突破。

贝尔宾团队角色理论为我们提供了一种深入了解团队运作方式的途径。该理论强调团队中每个成员的个性特点和角色，帮助我们更好地理解团队成员之间的关系。在实际工作中，我们需要密切关注和了解不同团队角色的特点，不断观察、学习和调整，以便找到适合自己的角色定位。每个人都有自己的优势和劣势，找到适合自己的团队角色，可以让我们在工作中发挥更大的价值，这将有助于我们更好地融入团队，提升团队的整体凝聚力。同时，我们要认识每位团队成员在团队中的重要作用。在团队协作中，每个角色都有其不可或缺的价值。尊重和理解团队成员的多样性，可以让我们更好地与他们沟通，共同推进团队目标的实现。

第二节 与团队保持同频

在团队中，每位成员就像是一束明亮的光芒，而团队协作则如同一条无形的纽带，将这些光芒串联起来，共同创造出璀璨的团队辉煌。在这场协作中，有效的沟通和协调成为维持团队光芒闪耀的重要方式。与团队的同频，就像是在大海中寻找自己的位置，确保个人与团队一同勾画出前进的轨迹。与团队保持同步，并不仅仅意味着跟上步伐，它要求我们成为团队动态的积极参与者。这要求我们倾听团队的心跳，感受每一次脉动——洞察团队成员的需求。这种敏锐的洞察力使我们能够适时调整个人工作节奏与策略，确保与团队每一次心跳同频，共同谱写成功的篇章。我们将探索如何有效地与团队保持同步，以确保个人贡献与团队目标的完美和谐。我们将通过具体的策略和实践建议，帮助你学会如何成为一个既能够独立思考又能够与团队心灵相通的职场新星。

一、明确工作任务和目标

要实现与团队的同频共振，首要任务是明确自己在团队中的职责和工作任务。为了更好地理解工作任务，我们可以采用任务三角模型来进行分析。这个模型主要包括三个关键要素：期限、方向和品质。

我们要明确任务完成的期限。期限是指工作任务从开始到结束所需要的时间。在接到领导或团队成员交代的任务时，务必与他们确认任务的期限，以确保自己能够在规定的时间内完成任务。明确期限有助于我们合理安排时间，提高工作效率。要明确工作任务的方向，方向是指工作任务的目标和要求。在执行任务过程中，我们需要时刻关注任务的方向，确保自己的工作与团队的整体目标保持一致。关注工作任务的品质，品质是指工作任务的成果质量。一个高品质的工作成果不仅能展示个人的能力，还能提升团队的整体实力。在完成任务过程中，我们要始终坚持高品质的标准，努力提升自己的业务水平，为团队创造更多价值。

如果你是一个项目经理，负责一个重要项目的执行，为了明确工作任务、确保团队的整体效能，你可以运用任务三角模型进行分析。

期限：与团队成员沟通，确定项目的截止日期并制订工作计划。你需要合理安排时间，确保项目能够在截止日期前完成。

方向：详细了解项目的目标和要求，明确团队成员的任务职责和工作流程。在项目执行过程中，你需要时刻关注项目的整体目标，确保团队的工作与之保持一致。

品质：设定项目的质量标准，并向团队成员传达清晰的工作要求和期望。

你需要督促团队成员始终追求高品质的工作成果，通过不断优化和提升，为项目创造更大的价值。

通过应用任务三角模型，你能够明确工作任务的期限、方向和品质要求，提高团队的工作效率和整体实力，为项目的成功作出贡献。

二、保持有效沟通

当与团队保持同频时，还有一个非常重要的方法是"有效沟通"。有效沟通是团队合作中至关重要的一环，它可以帮助成员更好地理解彼此的观点、理念和目标，从而有效地解决问题、完成任务，并最终达到共同的目标。

要进行有效沟通，必须建立良好的沟通环境。团队成员之间应该互相尊重、倾听和支持。一个开放和友好的氛围将鼓励成员积极参与讨论，并充分表达自己的想法和意见。沟通的双方需要使用清晰、明确的语言，避免使用模棱两可的词语或术语，以免给对方带来困惑或误解。清晰的表达有助于确保每个人对任务和目标的理解一致，并使信息传递更加准确和有效。

在进行沟通时，要注重细节。细致入微地描述问题、任务或想法，可以防止信息的遗漏或误解。提供足够的背景信息可以确保对方了解所涉及的背景和相关条件。同时，适时地向团队成员提供必要的更新和反馈，以便大家始终保持对项目进展的清晰认识。

积极倾听也是沟通中不可或缺的一部分。倾听并不仅仅是要听到对方说话，而是要真正理解并尊重对方的意见和观点。在与团队成员进行对话时，要专注于对方的发言，并通过提问和互动来进一步表现我们的尊重与理解。这样可以增进彼此之间的理解和信任，并帮助团队合作。

积极分享和反馈也是促进有效沟通的重要手段之一。及时共享信息、进展和问题，可以使团队成员相互了解，并促进问题的协同解决。同时，积极反馈是团队成长和个人发展的关键。通过对成员的努力和贡献进行积极肯定，并提供建设性的意见和建议，可以营造支持和鼓励团队成员成长的文化氛围。

同时，在沟通中保持灵活性。不同的团队成员具有不同的工作风格、沟通习惯和理解能力。因此，作为一个团队成员，要灵活地调整自己的沟通方式，以适应不同的情况和需求。这可能包括改变用词、使用不同的沟通工具或采取不同的沟通方式，以确保信息的准确传达。

总之，团队合作的成功离不开有效沟通。通过建立良好的沟通环境，使用清晰明确的语言，注重细节，积极倾听和分享反馈，以及保持灵活性，我们可以进一步加强团队成员之间的理解和协作，从而实现绩效的最大化和共同目标的达成。

三、学会询问任务细节

在工作或生活中，我们经常面临这样的情况：辛辛苦苦完成领导交代的工作，却发现领导并不满意，认为我们没有做到位；或者我们提出的问题让其他人无法准确理解，产生了歧义和误解。为了避免类似情况的发生，确保工作成果能够符合预期并达到质量标准，与领导进行充分的沟通和确认显得尤为重要，尤其是在处理复杂任务时，确认的重要性更加凸显。然而，由于语言文字的抽象性以及不同人员在不同情境下对同一词汇可能产生不同理解，所以，在接收来自客户、同事或其他人的任务时，我们需要采取措施以明确工作任务的具体内容。

（一）明确任务

在接到任务后，可以运用"5W1H"提问模型，即何种类别（Which）、何时（When）、何地（Where）、与谁（Who）、做什么（What）、如何操作（How）等，来了解工作内容的背景和具体细节。比如领导布置一个任务："你马上去帮我布置一下会议室。"此时，我们应该避免急于行动，而是通过提问来明确任务的具体细节，比如我们可以询问会议何时开始、哪些人会参加、需要布置何种风格，以及是否有特定的设备要求等。

（二）提出假设

在进行提问后，即使对方表示尚未确定，我们可以根据已有信息提出假设，进一步明确任务的背景和本质。可以使用诸如 "是否……？""会不会是……？"等句式来表达自己的假设。以会议布置任务为例，我们可以假设：紧急布置会议现场是否与上级领导来公司检查相关工作有关？或者是否有重要客户来访？需要进行特别的准备吗？提出这样的假设，有助于领导梳理思路，明确任务的要求。

（三）验证假设

基于第二步的假设，我们可以向领导提出需求，比如询问是否需要准备宣传公司的PPT或视频。如果我们猜中了领导的意图，或者得到类似回应："难得你考虑得如此周到，除了PPT和视频，还需要准备公司产品介绍彩页。"则表示我们的假设得到了验证。我们还可以使用诸如 "若果真如此，那么是否需要……？"等句式来进行进一步的确认和提问。

综上所述，我们可以努力确保工作任务的准确无误，从而提高工作效率。在实际工作中，我们还应不断总结经验，提升自己的沟通能力，促使工作任务的确认变得更加顺畅。同时，我们还应该学会站在他人的角度思考问题，尊重对方的意见，以便在团队合作中实现更好的协同效果。

四、准确描述问题

在工作或日常生活中，面对那些需要深入探索的有效问题，或是那些拥有多个可能答案的复杂问题时，我们可以采用"三步法"来准确描述问题。这种方法将问题描述过程分为三个步骤，帮助我们更好地理解问题的本质，量化问题来得到更具体的表达，并梳理问题的细节以形成更完整的描述。通过准确描述问题的"三步法"，我们能够更具体地了解他人的需求。以寻找伴侣为例，常见的模糊回答（如"要看眼缘"）无法明确需求。而通过准确描述问题的"三步法"，我们可以询问对方关于期望的身高、收入、年龄范围等具体标准，并深入了解他们希望伴侣具备的性格特点、兴趣爱好等细节。这样我们可以更有效地找到满足双方期望的伴侣。

准确描述问题的"三步法"的优势在于它使问题更具体、明确，有助于深入理解需求，并提供更准确的解决方案。将这种"三步法"应用于职场的团队协作中，可以有效地提高问题解决的效率和团队合作的效果。以下是如何将其应用于职场团队协作的具体操作方法。

第一步：明确问题。我们需要清晰了解对方关注的焦点，确定讨论的问题，即进行问题定位。如销售业绩不理想，是指销量还是利润不尽如人意？

第二步：量化问题。我们需为问题配备明确的衡量标准，最好有数字表述，内容具体且详细，使问题描述更为精确。比如销售业绩不理想，季度销售额达到30万是否符合团队的预期？

第三步：梳理问题。对问题涉及的多方面信息进行梳理并相互关联，使问题描述更为完整。如为提升销售额，我们是否需要做些什么，是加大宣传力度，还是改变销售策略？

通过"三步法"，我们能够逐步明确问题，更深入地了解需求。无论是寻找伴侣还是在职场团队协作方面，准确描述问题的"三步法"都能提高问题解决的效率和团队合作的效果。切记，在描述问题时要清晰明确，梳理相关信息以形成完整的描述。

第三节 主动融入团队

职业生涯中，人际关系的重要性显而易见。为了更好地融入团队，我们需要对他人给予的帮助保持感激之心，无论大小，以此提高人际吸引力。与同事和朋友相处时，我们要珍惜他们的关心和支持，用真诚的态度回报他们的付出。学会感恩，对工作中的每个细节都怀抱感激之情，以此来体验职场的美好之处。职业生涯并非总是一帆风顺的，我们总会面临各种挑战和困难。

当我们犯错时，要勇于承认错误，并向相关人员表示诚挚的歉意。这样的行为不仅展现了我们的责任心，还能赢得他人的谅解和尊重。要勇敢地面对自身的失误，并从中吸取教训，以避免在将来重蹈覆辙。

在职场中，持续自我提升至关重要。我们应该学会反思，每当完成一个项目或任务时，要认真总结所获得的经验教训，发现自身的不足之处，并制订改进的目标，我们才能不断在职场中进步，为职业生涯增添更多价值。同时，我们需要学会调整心态，以积极的态度面对职场中的挑战。当遇到困境时，不要退缩，要勇敢地迎接挑战，我们才能不断成长，迈向成功。而克服困难的过程，也会使我们变得更加坚强，并且更有自信去应对未来的挑战。

一、学会感谢性反馈

在团队协作的过程中，项目的成功往往取决于团队成员之间的协作和支持。因此，学会有效地表达对他人的感激之情是一项至关重要的技能。这不仅可以建立更为和谐的协作环境，还能显著提升个人的影响力。为了更准确地传达感激的情感，我们可以采用"感谢性反馈公式"，即"感谢=定位+具体化+表达"。这种方法不仅让感谢的信息更加明确，同时直接触动接收者的心灵，从而深化团队成员之间的联系和理解。

"定位"是指在职场中要用心关注、随时发现身边同事的值得感激之处。比如办公室的阿姨每天打扫卫生，为你营造了一个整洁的工作环境，你是否应该向她表示感谢？再比如同事冒着大雨为你取回文件，你是否应该对他的帮助表示感谢？只要我们具备一双发现的眼睛，不断关注周围同事的善举，就能找到感激的对象和机会。

"具体化"是指在表达感激时，要针对同事的具体优点和付出进行感谢，而非泛泛而谈。为什么要这样做呢？因为具体化的感谢能让对方感受到真诚和认可，进一步强化彼此间的合作关系。比如你的同事小王在团队会议上提出了非常有价值的建议，对项目的成功起到了重要作用。你可以使用该案例进行具体化的感谢表达："小王，我想特别感谢你在昨天的团队会议上提出的那个关键建议。你的见解真的让我们看到了解决问题的新角度，并且为项目的进展提供了一个明确的方向。你深入分析并提供解决方案的能力真的非常了不起。我知道你在研究和准备过程中付出了很多努力，这个建议真的让我们在项目中取得了巨大的进展。你的贡献无法估量，再次感谢你的支持和专业化的见解，我真的很感激有你这样优秀的团队成员。"通过这个具体化的案例，你可以表达对小王在团队会议上提供有价值建议的感激之情，并强调他的专业能力和对项目的重要贡献。这样的具体化感谢能够让小王深刻感受到你的真诚和你对他的认可，加强彼此的合作关系。

"表达"是指我们要学会适时地表达对他人的感谢之情。学会关注和记录身边人的付出，并通过"5+1"点赞法赞赏和认可团队成员。"5+1"是指一个时间点、一件小事、一点润色、一段视野、一个动作和一个总结。比如我们最近在做一个课程，我的同事小明在帮我做这个项目的宣传资料，我对他表示感谢："小明，这个项目一直是你帮我准备宣传资料，你做得太棒了，我知道昨天晚上11点你还在公司帮我写材料，有你这么努力地帮我们，这个项目一定会完美地完成的。你就是我最强大的后盾。"小明很感动。

学会感谢性反馈对于团队协作起着重要的作用。通过定位、具体化和表达，我们可以更精准地表达对他人的感激之情。具体化的感谢能够让对方感受到我们的真诚和认可，加强彼此间的合作。同时，适时地表达感谢之情，通过"5+1"点赞法也能进一步赞赏和认可团队成员的付出。通过学会感谢性反馈，我们能够营造一个更和谐、更积极的团队环境，促进团队的成功和个人的成长。

二、学会礼貌道歉

在职场中，我们难免会遇到未按时完成任务的尴尬情况。这不仅使同事或领导感到失望，还可能影响整个团队的进度。我们必须认识到，这种失误可能会让领导和同事感到困扰。通常，我们的第一反应是表示歉意，然而，仅仅道歉可能并不能让对方感到满意。因此，我们需要学会以一种礼貌的方式道歉，以获得他人的谅解，并采取措施避免类似问题再次发生。为了更好地理解学会礼貌道歉的重要性，让我们引入一个实际的案例来帮助你更好地领悟。比如你在职场中遇到如下情景：你未能按时提交报告，给团队造成了困扰。在这种情况下，你可以采取以下步骤来处理。

首先，坦然承认错误并道歉："我承认我没有按时提交报告，对此我深感抱歉。"这种积极的态度表明你了解自己的责任，并愿意承担后果。其次，详细描述事件的经过，让对方了解情况："在昨天的交通堵塞中，我遇到了车祸，导致我上班迟到了。"通过描述事件的背景，你可以让对方理解你未能按时完成任务的原因，并理解这是一个意外的情况。同时，阐述预防措施，展示你决心改正错误，避免类似情况再次发生："为了避免再次出现此类情况，我决定今后提前20分钟出门，以便应对潜在的交通延误问题。"这样展示了你的诚意和责任心，让对方相信你会采取措施避免将来再次犯同样的错误。最后，诚挚地再次表达歉意："我对给您带来的不便深感抱歉。"这种真诚的表达可以让对方感受到你的诚意，增加对你道歉的接受度。

在道歉过程中，强调主动认错是非常重要的。解释道歉的目的不仅是为了得到对方的原谅，更是为了展现自己的责任心和诚信度。同时，我们也应该意识到道歉的心理效果对人际关系和团队合作的积极影响。道歉可以帮助恢复受损的信任，加强同事间的合作，并增进团队的凝聚力。此外，在道歉过程中，重视对方的感受也是至关重要的。积极倾听对方的感受并表示理解，有助于建立有效的沟通渠道和解决潜在的问题。要设身处地考虑对方的感受，在道歉过程中满足对方的需求，以增进与对方之间的关系。通过学会礼貌道歉，我们能够有效地处理职场中的失误，并建立积极的人际关系，促进团队合作。在工作中，当我们以一种真诚和负责任的态度道歉时，我们不仅能得到他人的谅解和接纳，还能展示自己的价值和诚信度。

三、学会结构性反思

在追求职场成功的道路上，自我反思起着至关重要的作用。通过反思，我们能够深入了解自己的优点和不足，进而在职场中发挥自身优势，并有针对性地提升自己的能力。而作为一种有效的反思手段，写反思日记能够帮助我们系统地回顾自己在团队协作中的表现，发现潜在的问题，并制订切实可行的改进计划。因此，养成撰写反思日记的习惯对于职场人士提升自我、实现持续进步至关重要。

撰写反思日记是一种有效的方法，可以帮助我们更好地认识自己，发现问题，进行自我改进，以下是撰写反思日记的四个步骤。

第一步，描述事实。这一步要求我们客观地描述所发生的事实，不夹杂任何主观判断。这样做的目的是让我们对自己的行为有一个清晰的认识，避免受到情绪的影响。例如："今天在团队会议中，当我负责展示数据报告时，我在呈现数据图表时出了一个小错误，将两个数据列弄混了。"这样的描述只涉及事实，不涉及对此事的评价。

第二步，洞察问题。在这一步中，我们需要在事实的基础上，自我批判，勇于承认自己的错误。比如："回顾之前的工作记录，我发现在过去的几周内，我不止一次将文件放错了位置，这导致文件查找困难，拖延了工作进度。我需要坦诚地承认这些错误，并深入分析问题的原因。"

第三步，分析原因。在这一步中，我们需要分析原因，并找到自我改变的方向。例如："我经过思考和观察发现，工位上的文件摆放确实不够有序，而且新文件的外形相似度较高，容易混淆。为了解决这个问题，我决定整理工位，将文件按照特定的顺序和分类方式摆放。同时，我还计划以后在取文件时，不再匆忙，而是仔细查看文件的标识和名称，以避免再次犯错。"

第四步，自律宣言。在这一步中，我们需要确立并发表自律宣言，表明自己决心成为团队中可靠的成员，并表示将以实际行动改进自己的行为。例如："我决心成为团队中可靠的成员，为了避免给同事们添麻烦，我会坚持整理工位，保持文件的有序性，并在需要拿取文件时，花更多时间仔细核对和确认文件的准确性。此外，我还计划主动寻求反馈和建议，以不断提升自己的文件管理能力和团队协作能力。"

完成这四步后，你会发现自己的行动方向变得更加明确，为了避免再犯错误，你可以认真整理工位、学会文件分类，不断提升自己。通过撰写反思日记，你能够更好地改进自我，提高工作效率，成为团队中的重要一员。

由此看出，反思的过程不仅可以帮助我们发现问题、解决问题，还能激发我们的自律精神，让我们在职场中不断成长。通过撰写反思日记，我们可以更好地提升团队协作能力，成为一名优秀的职场人。

四、运用 LEAD 法提升你的逆商

作为职场新人，我们可能会因犯错而遇到领导批评和同事不满的情况。在这种情况下，如何融入团队呢？我们可以试着提升逆商。逆商是由保罗·史托兹博士提出的概念，它是衡量个体在遭遇逆境时自身应对能力的量化指标。该指标揭示了个体在面对逆境时的心理状态，帮助评估个体在困境中的适应能力和抗压能力。在职场中，遇到挫折和困难是在所难免的，我们需学会运用科学的方法来应对逆境。

我们可以从四个维度来评估自己的逆商。

第一个维度是掌控感，即个体在面对困境时对局势的自我掌控程度。逆商高的人感觉自己什么事都可以做得很好，而逆商低的人则认为自己什么都做不好，遇到困难就退缩。

第二个维度是担当力，即在遇到困难和团队协作问题时，个体在多大程度上愿意承担责任。逆商高的人会主动对结果担责，带着强烈的责任感主动解决问题、分析原因、吸取教训。逆商低的人则会遇到事情就推卸责任，不愿为结果负责。

第三个维度是影响度，即逆境对我们生活的其他方面产生的影响程度。是否蔓延到了其他事项上？比如一场糟糕的会议破坏了整天的美好心情，或者一场争执导致关系破裂。这都是逆商低的表现。逆商高的人则会将逆境的影响范围控制在当前事件中，不会影响到生活的其他方面。

第四个维度是持续性，即逆境的持续时间和起因的持续时间。逆商低的

人会认为逆境和逆境的起因长久存在，甚至永久存在。逆商高的人则会认为困难只是暂时的，并积极寻找破解之法。

在生活中，我们难免面临各种来自职场、家庭、人际关系等方面的逆境。面对这些困境，我们需要找到有效的方法来解决问题，重建自信，并且快速融入团队。在接下来的内容中，我们将介绍一个实用的工具——LEAD法，它可以帮助我们更好地应对逆境，走出阴霾，正视问题，并找到解决问题的方法。

LEAD法是一个简洁而实用的逆境应对方法，由倾听（Listen）、探究（Explore）、分析（Analyze）和做点事情（Do）四个步骤组成。每个步骤都有其独特的重要性，下面我们将逐一介绍。

L（Listen）倾听逆境反应：在面对逆境时，我们应该先了解自己的逆境反应属于高逆商反应还是低逆商反应。同时，我们也需要分析自己在不同维度上的得分情况，这将为后续的应对策略提供参考依据。通过认识和反省自己在逆境中的反应，我们可以更好地了解自己，提高应对困境的能力。

E（Explore）探究对结果的担当：在这一阶段，我们需要明确自己在逆境中的责任范围。要清楚地知道哪些问题是我们应该承担责任的，而哪些问题并不属于我们的责任范围。通过深入思考，我们可以减轻心理负担，更加客观地面对困境，并找到解决问题的正确路径。

A（Analyze）分析证据：在这个环节中，我们需要收集相关证据，并判断哪些证据表明我们无法掌控局面，哪些证据表明此次困境会影响到生活的其他方面，以及哪些证据表明此次困境会持续较长时间。通过对这些证据的分析，我们可以更加清晰地认识到困境的实质，为后续的应对措施提供理论支持。

D（Do）做点事情：在这一阶段，我们需要思考一些关键问题，如还需要哪些信息？我们可以采取哪些行动来获得对形势的一点掌控感？如何限制逆境对自身的影响范围？又该如何缩短当前困境的持续时间？通过积极寻求解决问题的方法，我们可以逐步走出逆境，重获自信。

综上所述，LEAD法提供了一种全面的方法来提高我们的逆商。通过倾听、共情、分析和决策，我们能够更好地理解他人、管理情绪，建立良好的人际关系，并在各种情况下做出明智的选择。通过不断地应用这些方法，我们可以逐渐提升自己的逆商，更好地应对生活和工作中的各种挑战。

【本章小结】

在当今社会，团队协作能力对于个人与组织的发展具有举足轻重的作用。为全面提升团队协作能力，首先，我们需深化对团队成员的认识和理解，明确我们在团队中的价值和定位。在此过程中，我们可以借鉴DISC理论与团队角色理论，以更科学、更系统的方式认识和理解团队成员。其次，我们要学会与团队保持同频。为达成这一目标，我们可以采取一系列措施：一是明确工作任务，确保自己清楚自身的职责与任务，做到责任分明；二是巧妙询问任务细节，深入了解团队的需求和困难，以便更好地为其提供支持和帮助；三是准确描述问题，积极与团队成员沟通，降低误解与冲突的风险。最后，我们需要积极融入团队，并注重情感管理与关系建设。在团队中，我们要学会表达对给予帮助的人的感激之情，以增强团队的凝聚力和向心力。同时，在给团队或其他人带来困扰时，要学会礼貌道歉，及时化解矛盾，维护团队的和谐稳定。通过反思与总结，不断提升个人的团队协作能力，以便在面临困境时能够更好地应对挑战。

综上所述，提升团队协作能力是个人与组织发展的重要课题。通过深化对团队成员的认识、保持与团队的步调一致、积极融入团队并注重情感管理与关系建设，我们可以实现更高效的协作，进而促进个人与组织的共同成长。

第八章

养成持续学习能力

学习能力，顾名思义，是指个人获取新知识和技能、处理和应用信息以及适应新环境的能力。它不仅包括理解、记忆和应用信息的能力，还涉及批判性思维、解决问题、创新思维和终身学习的能力。学习能力是个体适应变化、实现个人和职业目标的关键。

随着技术的不断进步和行业标准的变化，具备高学习能力的职场人士能够更好地掌握不断更新的技术和工具，从而保持其在职场中的竞争力。学习能力强的个人能够持续学习，掌握新技能和知识，能够更有效地分析问题、评估解决方案并采取有效的应对策略，还能激发新的思维方式，促进创新思维。在当前的职场环境中，终身学习已成为一种必要，具备持续学习的能力是职业成功的关键因素之一。通过提高学习能力，个体能够更容易地掌握新技能和知识，从而获得更多的职业晋升机会。在职场变化迅速的今天，学习能力强的人能够更好地适应职业角色的变化和行业发展的需要。持续学习和成长可以提高个人品牌影响力，使个体在职场上更受欢迎、更受重视。能够有效学习并应用新知识的个体通常在工作中会感到更有成就感和满意度，这有助于提高工作效率和忠诚度。

学习能力是职场成功的关键因素之一，不仅有助于个人的职业成长和发展，还能帮助组织保持其竞争优势。因此，无论是对于个人还是组织，提高学习能力都是至关重要的。

第一节 升级元认知

你是否曾有过这样的体验：虽然你花费了大量的时间和精力学习，却发现自己的进步并不如预期？而你身边总有些人却能边学习边观察自己的学习状态，在遇到问题时及时停下思考，调整学习策略，从而达到了最佳的学习效果。这种差异源于学习的效果与个体的元认知能力。

元认知是指个体对自己的认知过程的认识和调控。这一概念是由心理学家约翰·弗拉维尔在20世纪70年代初提出的，涉及人们对自己思考方式的理解和控制，包括计划、监控、评估和调整自己的学习策略与行为。元认知强调跳出局限性思维，以旁观者的视角重新审视、反思，使问题迎刃而解，元认知是一种强大的思维工具。在当今技术快速发展的时代，人工智能、大数据等新兴技术不断涌现，为了保持竞争力，我们需要不断地升级自己的元认知能力。通过升级元认知，我们能更好地应对外部变化，提高自身学习能力，从而在竞争中立于不败之地。

以下三种方法可以帮助我们提升元认知能力。

一、建立积极学习意愿

积极意愿是指个体对某一行为或目标持有的积极态度和决心。它反映了个体愿意采取必要行动来实现目标的心理准备状态。积极意愿通常基于个人的价值观、信念和期望，驱使个体对未来的行为做出积极的规划和承诺。积极意愿为个体提供了行动的方向和目标，在面对选择时帮助他们做出积极的、有利于个人发展的决策。积极的学习意愿不仅是提高学习能力的动力来源，更是人们不断成长和进步的关键因素。

（一）培养学习兴趣

兴趣是最好的老师，对于学习者而言，拥有浓厚的学习兴趣能够促使他们主动投入学习，提高学习效果。我们可以通过寻找自己擅长的领域、探索未知的世界，以及与他人交流分享来激发学习兴趣。比如参加学术或兴趣小组、阅读感兴趣的书籍和文章，以及参观展览活动等都可以拓宽自己的视野，激发对学习的热情。

（二）树立明确的学习目标

明确的目标能够帮助我们聚焦核心任务，保持学习动力。学习目标应具有可衡量性、可实现性和挑战性。通过设定短期和长期的学习目标，我们可以更有针对性地进行学习。比如将大的学习目标分解为具体的阶段性目标，并为每个目标设定切实可行的计划和时间表，有助于我们更好地管理学习任务并保持动力。

（三）培养自律精神

自律是学习过程中不可或缺的品质。通过规划学习时间、制订学习计划和遵守学习规则，我们可以更好地管理自己的学习生活。此外，养成良好的学习习惯和作息规律也是提高学习效率的重要途径，比如合理安排时间，避免拖延和分散注意力，创造一个宽松而有效的学习环境，有助于提升自律能力，并在学习中保持专注。

（四）营造良好的学习氛围

一个积极向上的学习氛围有助于激发学习意愿。我们可以通过团队协作、同伴互助和师生互动等方式共同营造有利于学习的环境。在这样的氛围中，学习者更容易保持积极的心态，享受学习的乐趣。比如参加学习小组、研讨会或学术讲座，与同学、老师以及专业人士进行学术交流和讨论，共同探索知识的边界和应用，可以激发学习的热情并提高自身的学术能力。

（五）关注学习成果的反馈

及时获取学习成果的反馈，可以让我们认识到自己的优点和不足，从而调整学习策略，提高学习效果。多样化的反馈方式，比如考试成绩、作品展示和他人评价等，可以帮助我们全面了解自己的学习状况。同时，通过反思和总结学习过程中的经验和教训，我们可以不断优化学习方法和提高学术能力。

建立积极的学习意愿是提高学习能力的关键。在大学阶段，学习意愿需要个人重新赋予学习意义，通过培养学习兴趣、树立明确的学习目标、培养自律精神、营造良好的学习氛围和关注学习成果的反馈，我们可以逐步提高自己的学习意愿，实现个人成长和事业发展的目标。

二、遵循成人学习原理

在职场中，我们需要转变学习方式，以适应社会的发展和职业的需求。成人学习原理，源于教育家马尔科姆·诺尔斯在20世纪60年代的研究，主要包括以下核心观点：成人倾向于自我导向学习，有着丰富的经验、情境、偏爱，具备与社会角色及职业角色相关的基本知识和技能，成人学习的动机多源于内在驱动，比如个人成长、好奇心满足以及自我效能感的提升等，通常以任务导向或问题导向为主，更倾向于学习能立即解决实际问题的知识和技能。因为成人倾向于自我导向学习，所以在提升学习能力时，我们需要从自己身上找原因，从自己身上找方法，学会"反求诸己"。

（一）深入思考

深入思考"我为什么要学习"，这一思考将有助于我们从根本上发现内在需求，明确成长方向，进而解决面临的问题。在生活中，我们常常会遇到各种各样的问题，而学习则是解决这些问题的最佳途径。通过深入思考，我们能更好地了解自己的需求，找到适合自己的人生道路，从而在不断学习中积累经验、迎接挑战。

（二）对所需学习的知识进行合理筛选

在信息爆炸的时代，独立思考能力和辨别能力尤为重要。无数的信息和知识包围着我们，但并非所有的知识都能对我们的成长产生积极影响。因此，我们需要学会筛选，从海量信息中挑选出真正有用的知识，让这些知识为我们的成长提供有力支持。

（三）持续进行阅读和学习

知识像一座无尽的宝库，我们需要不断地挖掘、吸收、消化，才能将其转化为自己的内在力量。通过阅读和学习，我们可以获取有利于生活和工作的有效信息，进而将这些信息转化为实际能力，为社会创造更大的价值。同时，学习也是一个与他人交流、拓展人际关系的过程，这有助于我们更好地融入社会，实现个人价值。

（四）充分利用简便的工具

在我们的日常生活中，便签、笔等工具能够帮助我们更好地整理思绪、记录经验。将这些经验积累下来，定期回顾和反思，从中我们能学到教训，不断进步。这些经验将成为我们个人成长的宝贵财富，助力我们在未来的道路上越走越远。透过深入思考、合理筛选、持续学习和充分利用工具这四个步骤，我们可以在人生的道路上不断成长，实现自我价值。学习是一种生活方式，更是一种人生追求。只有不断学习，才能让我们在这个瞬息万变的时代保持竞争力，成为更好的自己。

三、用思维导图理解记忆

思维导图是一种基于关联思维和非线性结构的知识整理和可视化工具。它的起源可以追溯到20世纪60年代，心理学家托尼·布赖恩提出了"心智映射"的概念，并在此基础上发展出了现代思维导图。思维导图的作用是帮助我们更有效地组织、理解和记忆知识。思维导图以中心主题为核心，将相关的分支和详细信息连接在一起，能够呈现出复杂的概念和关系的整体结构，促进人们思考和解决问题。

假如我们要做一顿美食，如何使用思维导图呢？

首先，我们找出中央主题：将"美食"写在思维导图的中央节点上。然后，我们列出分支知识点：在中央节点周围，创建与美食相关的主要分支知识点，包括"主菜""配菜""烹饪方法"等。并记录详细信息：在每个分支下方，进一步展开详细信息。比如在"主菜"分支下，可以标记出"鱼肉""牛肉""鸡肉"等；在"烹饪方法"分支下，可以写下"炒""煮""蒸"等。连接和关联是思维导图中重要的一步，我们使用线条或箭头连接不同的分支和知识点，以显示它们之间的关联和逻辑关系。比如可以将线条从"主菜"连接到"烹饪方法",表示每种主菜可以采用不同的烹饪方法。最后，我们可以在思维导图中添加关联的资料，包括食材清单、烹饪时间等。通过使用思维导图，我们可以更好地了解做美食的整体流程和各个部分之间的关系。思维导图还可以帮助记忆不同的食材、烹饪方法和配菜选项，以及进行创意组合和变化。最重要的是，思维导图使得学习变得更有趣和可视化，从而促进学习效果的提高。

综上所述，学习力的重要组成要素包括积极意愿和动机、成人学习原理、信息获取和处理能力以及学习方法和策略。这些要素相互作用，进而影响我们的元认知能力。通过不断发展和优化这些要素，我们可以建立起一个强大的学习力体系，为个人升级元认知打下坚实的基础。

第二节 改进学习方法

改进学习方法是提高学习效率、加深理解、增强应用能力以及适应不断变化的信息环境的关键。在信息时代，只有掌握科学的学习方法，才能不断提升自身综合素质，应对未来的挑战。不同的学科和任务需要不同的学习方法和策略，这些方法和策略是提高学习效果的关键因素。比如对于需要记忆的学习任务，我们可以采用分散式学习和复习技巧，通过定期间隔的复习以及与其他学习内容的关联来加强记忆效果；对于需要理解的学习任务，可以尝试使用概念图、逻辑思维等学习策略，帮助构建知识框架，加深对于概念的理解。掌握多种学习方法和策略能够让我们根据具体情况灵活应变，从而提高学习效率和学习成果。

一、SQ3R阅读法

SQ3R阅读法最早是由美国心理学家弗朗西斯·罗宾逊于1946年在其著作《有效的学习》中提出的。罗宾逊开发这一方法是为了帮助学生提高他们的阅读理解能力和学习效率。自从SQ3R阅读法提出以来，它成了一个广泛推崇的学习策略，被用于教育领域帮助学生更有效地处理和吸收学习材料。这种方法的核心在于通过主动参与阅读过程（包括浏览、提问、阅读、复述和复习）来提高理解力和记忆力。SQ3R阅读法有五个步骤：浏览（Survey）、提问（Question）、阅读（Read）、复述（Recite）和复习（Review）。

Survey（浏览）：在深入阅读前，首先对文本进行快速浏览，了解整体概念和结构。这包括查看标题、副标题、图表、摘要或引言部分，以及小结或结论。这一步骤有助于我们对材料有一个初步理解和期望，为接下来的阅读奠定基础。

Question（提问）：为激发兴趣和提高专注度，可以将标题和副标题转化成问题形式。比如一个小节的标题是"成人学习原理"，那你可以问自己："成人学习原理是什么？"提问能帮助你在阅读过程中有目的地寻找答案，提高学习的主动性和积极性。

Read（阅读）：系统地阅读文本，寻找对之前提出问题的答案。仔细阅读每个部分，关注与问题相关的信息。这一步骤要求你集中注意力，理解并吸收信息。在阅读过程中，可以使用笔记、划重点等方法，以便于后续的复习。

Recite（复述）：阅读完成后，通过自己的话复述阅读材料，以加强理解和记忆。在阅读每个主要部分后，暂停并用自己的语言复述或总结这部分的关键点和答案。你可以大声复述，或在笔记中记录下来。这有助于巩固记忆，并检查自己是否真正理解了材料。

Review（复习）：通过复习巩固记忆，加深理解。完成整个文本的阅读后，回顾你的问题、自己的总结以及文本的主要点。这一步骤可以帮助你加强对材料的长期记忆，从而提高学习效果。

如果你是一位项目经理，在准备一次重要的项目管理考试，并需要阅读一本关于项目管理的书籍，那你可以使用SQ3R阅读法来帮你更好地完成阅读。

浏览（Survey）：在开始深入阅读前，你会先浏览整本书，查看书的目录，了解书籍的结构和章节内容。你可能会注意到一些关键主题，比如项目计划、项目执行和项目监控。这个阶段可以帮助你获取整本书的大致信息，并为后续的学习计划做好准备。

提问（Question）：在阅读前，你可以将每个章节或小节的标题转化为问题。比如一个章节的标题是"风险管理"，那你可以问自己："项目中的风险管理具体指什么？有哪些方法和工具可以应用于风险管理？"通过提出问题，你将在阅读过程中有针对性地寻找答案。

阅读（Read）：在"阅读"过程中，你会仔细阅读每一章节，并注意与之前提出的问题相关的信息。你会将注意力集中在与项目管理知识和技能相关的内容上，并标记重要的段落或关键信息，以便后续的复习和记忆。你还可以在书的空白处做笔记，记录自己的理解和关键观点。

复述（Recite）：在阅读完一个主要章节后，你可以停下来，用自己的话复述或总结这部分的关键点和答案。通过复述，你可以加深对所学内容的理解，并确保你真正理解了项目管理的重要概念和原则。你可以口头复述或将复述内容写在笔记本上。

复习（Review）：完成整本书的阅读后，你会进行总体复习。你会回顾之前提出的问题、自己总结的要点以及书籍中的主要观点。这个阶段旨在巩固所学内容，加深理解和记忆，并确保你对项目管理的知识和技能有了全面的了解。你可以参考笔记记录、重温标记的部分，并与其他学习资源进行比对，以检验自己的理解和掌握程度。

通过SQ3R阅读法，你能提高阅读效率，更好地理解和记忆学习材料，这种方法有力地促进了学习能力的发展与提升，进一步增强学习成效。

二、RIA便签读书法

RIA便签读书法出自赵周老师的《这样读书就够了》，这是一种极为有效且实用的阅读和学习策略。

R（Reading）阅读原文：你需要仔细阅读教材、论文或其他学习资料，并特别关注关键概念、重要理论或难点内容所在的页面或段落。将重要信息记录在便签上，你可以更好地跟踪和理解原文中的核心内容。

I（Interpretation）用自己的语言重述原文：在阅读一段内容后，用自己的话语将所理解的内容重新表达出来，并记录在便笺上。这个过程不仅有助于更深入地理解原文，还能测试你是否真正掌握了所读材料。用自己的语言重述可以确保你不仅仅是机械地复制原文，而是真正地理解和吸收了信息。

A（Application）关联个人经验：将所学的知识与个人经验相联系，找到实际生活中的应用场景或与自己专业领域的联系，并将这种关联记录在便签上。通过将新知识与已知的旧知识联系起来，你可以更深入地记忆和理解知识。比如你正在学习心理学，可以将所学的心理学理论与个人经历相联系，思考这些理论如何应用到实际生活中。这样不仅加深对知识的记忆和理解，还有助于更好地理解和应用知识。

RIA便签读书法是一种高效的阅读方法，它帮助我们将书中的知识转化为自己所用，将书籍视为一位随时为我们解决问题的智者。特别对于职场新人而言，这种读书方法具有很高的实用价值。当我们面对工作和生活中的困惑和难题时，可以运用RIA便签读书法来寻找答案和解决办法。将书籍中的知识内化为自己的能力，提高解决问题的能力，这有助于我们快速适应工作环境，提升自己的综合素质。

三、追问"适用边界"

在这个信息爆炸的时代，我们每天都会接触到大量的资讯，这些信息如同一股股洪流，源源不断地涌入我们的生活。然而，在这丰富的信息背后，却存在着真实性与准确性参差不齐的问题，让人难以辨别真伪。因此，我们需要对信息进行有效整理，以确保信息的真实性、准确性、完整性，从而提升个人在解读与学习信息时的效率，使我们在恰当的时机能够正确运用信息，解决实际问题。

（一）明确信息的真实性

在这个信息爆炸的时代，虚假信息无处不在，我们需要有一双火眼金睛，辨别信息的真实性。一则真实的信息可以帮助我们更好地了解世界，避免受到虚假信息的误导，形成更准确的判断。

（二）关注信息的准确性

相同的事件，因为报道的角度和立场不同，可能会呈现出截然不同的面貌。因此，在接触到信息时，我们要学会从多角度去审视，对比不同来源的信息，找出最接近事实真相的观点。只有准确的信息，才能为我们提供正确的指导，避免误入歧途。

（三）重视信息的完整性

在很多情况下，我们所接触到的信息都是片段式的，如果不把这些片段式的信息整合起来，我们就无法了解事件的全貌。因此，在整理信息时，我们要努力寻求全面的信息，并深入挖掘其背后的内涵，从而让我们的认知更加立体和完整。在面对海量信息时，我们可以通过明确"适用边界"进行信息整理。所谓"适用边界"，就是指信息在何种情况下、何种范围内是有效和实用的。明确信息的适用边界有助于我们筛选和利用信息，充分发挥信息的使用价值。具体的信息整理方法如下。

"适"（适得其反）：我们需要了解有哪些案例支持这一观点，又有哪些案例提出了相反的观点？此外，还有哪些不支持该论点的证据？

"用"（使用条件）：在什么条件下，这一观点的有效性得以体现？而在什么条件下，这一观点则显得无力？应用这一观点时，需要满足哪些条件，如态度、能力、资源等？

"边"（旁敲边鼓）：其他领域或他人是否曾发表过类似观点？其他领域或他人如何看待这类信息？

"界"（楚河汉界）：类似观点或相反观点之间的真正区别是什么？它们之间的交叉边界又在何处？

在我们的日常生活中，有很多人坚信"天天跑步有助于身体健康"。然而，这个观点并非适用于所有人，我们需要从多个角度来理解其"适用边界"。我们以这个观点为例，通过分析其适用边界，帮助你更好地理解跑步对身体健康的影响。我们需要明白"适得其反"的情况。长期跑步可能会对健康人的膝盖造成损害，这是因为跑步时膝关节承受的压力较大。此外，对于患有心脏病、高血压、低血糖等疾病的人群，剧烈运动可能会加重心脏负荷，引发心悸、乏力、呼吸困难等症状。因此，在这些情况下，天天跑步反而可能对身体造成伤害。我们需要了解"使用条件"。天天跑步是否有利于身体健康，取决于个体状况和运动方式。健康人群进行跑步锻炼通常对身体无害，可以增强骨骼、肌肉的耐力，提高体质和肺活量。然而，若跑步方式不当或个人存在基础疾病，跑步可能会带来一定伤害。因此，在开始跑步前，了解自己的身体状况，选择合适的运动方式至关重要。我们要关注"旁敲边鼓"的因素。医生和专家建议不要晨跑，他们考虑到空气含氧量、空气质量、人体新陈代谢和睡眠时间等因素，认为晚上7点～8点30分是跑步的最佳时段。在这个时间段，人们的身体和精神状态都处于较好的状态，更适合进行锻炼。我们要明确"楚河汉界"。跑步时应根据个人身体素质制订合理的运动计划，以防意外发生。适度跑步通常无害，但过度跑步则可能对身体造成损伤。因此，在跑步过程中，要学会控制自己，避免过度运动。

总之，虽然天天跑步对大多数健康人来说是有益的，但我们不能忽视个体差异和运动方式的影响。在跑步前，了解自己的身体状况，选择合适的运动时间和强度，才能使跑步成为促进身体健康的有益运动。在此基础上，结合合理的饮食和作息管理，才能养成健康的生活方式。

第三节 搭建知识体系

搭建知识体系是一个重要的过程，可以加深我们对世界的理解，提高学习效率，增强创新能力以及解决实际问题的能力。在信息快速发展的时代，有效地组织和管理知识变得尤为重要。知识体系是将某一领域或多个领域的知识进行有机整合、组织、提炼和升华。它能将零散的知识有机地整合成一个有条理的体系，从而更明确地了解这些知识之间的相互关系。比如在物理学领域，从基本的力学、热力学到电磁学、量子力学，每个分支都与其他分支相互关联。建立起知识体系后，我们能更明确地了解这些知识之间的相互关系，进而加深对物理学整体的认识。同时，一个完善的知识体系能够迅速将新知识与已有的相关知识联系起来，从而加快学习速度。知识体系还能帮助我们更好地记忆和回顾知识，降低遗忘率。同时，在面对复杂问题时，拥有完善的知识体系能够快速找到问题的关键所在，并进行多角度分析。它如同一个"工具箱"，让我们能够在解决问题时选择合适的工具和方法，提高解决问题的效率和质量。

一、高效构建知识体系

搭建知识体系是一项至关重要的任务，它能够帮助我们更好地理解和运用所学的知识。学生应该主动学习搭建知识体系。

（一）明确专业领域

选择一个或多个专业领域，并对其进行深入的研究和了解，是搭建知识体系的基础。这有助于我们更好地掌握该领域的核心知识和技能。比如对于计算机专业的学生来说，可以通过深入学习编程语言，包括Java、Python语言，算法和数据结构等核心知识点，并在实践中不断提高自己的技能水平。

（二）梳理核心知识点

通过梳理知识点，我们可以更清晰地理解该领域的基本概念、理论和实践方法。这一步骤是搭建知识体系的重要支撑。比如对于市场营销专业的学生来说，他们需要掌握市场调查、消费者行为、品牌管理等方面的核心知识点，并将这些知识点相互关联起来形成一个完整的知识网络。他们可以通过学习市场调查方法、分析消费者行为案例，以及研究成功品牌案例等来加深对这些核心知识点的理解。

（三）建立知识点之间的联系

将知识点相互关联起来，形成一个完整的知识网络，有助于学生更好地理解知识的内在逻辑和结构。这可以通过绘制概念图、制作思维导图等方式实现。比如对于英语专业的学生来说，他们可以将语法、词汇、阅读、写作等方面的知识点相互关联起来，形成一个完整的英语知识体系。通过练习阅读理解、写作等方式，他们可以更好地掌握这些知识点，并将它们应用于实际语言中。

（四）不断更新和优化知识体系

随着时间的推移和学习的深入，新的知识点和信息会不断涌现，学生需要及时更新自己的知识体系。同时，他们也需要反思和总结自己的学习经验，不断完善和优化知识体系的结构和内容。比如对于新闻专业的学生来说，他们需要及时关注时事动态、媒体发展趋势等方面的信息，不断完善自己的新闻知识体系。通过参与实践活动、采访报道等方式，他们可以将所学的知识运用到实际情境中，进一步提高自己的新闻素养。

（五）将所学的知识运用到实际生活中

通过参加实践活动、实习、提供志愿服务等方式将所学的知识运用到实际中，大学生可以更好地理解和掌握所学的内容，同时也能检验知识体系的有效性。比如对于法学专业的学生来说，可以通过参加模拟法庭、提供法律援助等实践活动将所学的法律知识运用到实际中，提高自己的法律实践能力。

搭建知识体系是一个长期的过程，需要大学生不断地积累、整理、更新和实践。通过这样的过程，他们可以建立起一个系统、全面的知识体系，为自己的未来职业发展打下坚实的基础。然而，知识体系的构建并非简单的机械式输入，而是通过整理、归纳和梳理，将知识融入个人思维和行为中。以提升沟通能力为例，解决沟通问题，我们可以采取以下步骤来构建知识体系。学习者需在某一领域及相关领域积累大量知识，比如通过阅读沟通类书籍、参加相关课程，有意识地积累沟通知识，使其达到一定量。学习者应从众多沟通知识中筛选出适用于个人、能切实解决所面临困境的知识，聚焦问题、关注自身，提升知识的意义和价值。学习者可以从工作或生活中遇到的问题出发，积极寻求答案，这个过程本身就是构建知识体系的一部分。学习者需要梳理筛选出的沟通方法，思考它们之间的关系，并整理适用范围。他们应该思考在何时、何种情况下采用何种方法，分析知识点之间的关系，培养对知识结构关系的把握能力。学习者应该用简洁的语言概括知识的核心要素及彼此关系，以便将知识"瘦身打包"。如可以为沟通方法命名，并将这些名称简化成尽可能少的语言，如一个汉字、一个英文字母或一幅简单图画等。通过这种方式，学习者可以将知识存储于记忆中，以便日后快速提取和应用。

二、组建学习小组

组建学习小组是一种有效的学习方法和团队建设方式。学习小组由一群有共同学习目标的人组成，通过相互鼓励、分享知识和经验，提高学习效果。组建自己的学习小组将帮助你在学习过程中克服困难，提高效率，实现学习目标。小组成员可以约定时间定期举行学习集会，确保每个成员对学习目标和期望有清晰的认识，有助于团队成员之间的协作和合作，并推动大家朝着相同的目标努力。根据小组成员的兴趣和专长，可以进行任务分配，让每个人负责深入研究和分享某个特定领域或主题。这样可以实现资源的共享和专业知识的互补，提高学习效果。在每次集会前，每位成员需要独立阅读课程材料，并做好笔记。这些笔记包括从阅读中获得的主要观点、问题或实例，以及对这些内容的理解和思考。

在学习集会时，每位成员轮流分享他们的笔记和问题，其他成员可以提供补充信息、解答疑惑或提出其他观点。这种互动和讨论可以帮助我们分析和解释概念、案例或论点，互相提供实例和证据支持，从而共同探索和发现新的知识与观点。成员还可以就共同的问题和主题展开深入讨论。在这个阶段，小组成员之间的互动和讨论是至关重要的。这时需要我们积极倾听、互相尊重和理解对方的观点，同时也要勇于表达自己的想法和疑问。并根据总结讨论的结果，并制订下一周的学习计划。大家可以共同整理出重点内容、制订复习计划和确定进一步阅读或研究的方向。这种总结和计划可以帮助我们更好地理解和记忆所学知识，并为下一周的学习做好准备。这个阶段也可以看作是对学习成果的评估和反馈，能帮助我们进一步明确下一步的学习方向和目标。

三、有目的的练习

在日常生活中，我们经常听到这样的说法："只要坚持不懈，时间就会见证你的成长。"然而，仅仅依赖时间的累积，并不能确保你在某一领域取得卓越的成绩。相反，你可能会陷入更为被动的境地。只有通过有目的的练习，摆脱"无效"的努力，才能在有限的时间内实现更高效的练习，提升技能水平，实现你期待的目标。那么，如何进行有目的的练习呢？我们以提高口才表达能力为例来阐述有目的练习的具体步骤。

明确目标：确定你希望提高的口才表达能力是哪一方面的，比如演讲能力、说服力、自信等。确立明确、具体的目标，比如每周参加一个公开演讲活动，每天练习说服性辩论等。

学习相关知识：除阅读相关书籍外，报名参加相关课程也可以更系统地学习口才表达的技巧、方法和原则。这些课程可以提供针对性的指导，让你更深入地掌握口才表达的要点。

制订练习口才技巧的计划：制订一个具体的练习计划，包括每天练习的时间、内容和目标。这可以帮助你更有条理地进行口才技巧的练习，并逐步提高口才表达能力。

练习口才技巧：根据制订的计划，进行有针对性的口才技巧练习。这可以包括口头演讲、模拟辩论、角色扮演等。在练习过程中，要注重发音、语调、节奏、肢体语言等。

寻求反馈：寻找能够提供反馈和建议的人或团体，比如导师、教练或口才训练小组。向他们展示你的演讲或表达作品，并接受他们的评估和指导。通过反馈，你可以了解自己的优点和改进的空间，并不断提高口才表达能力。

实践与应用：寻找各种机会来实际应用你所学到的口才技巧。参与公开演讲、主持会议、参加辩论赛、组织小组讨论等，这些活动可以提供实践的机会，并让你在真实场景中锻炼你的口才。

自我反思和改进：定期进行自我反思，回顾你的演讲或表达活动，并评估自己的表现，要善于发现不足之处或需要改进的地方，并思考如何加以改进和提升。持续的自我反思和改进是提高口才表达能力的关键。

总之，有目的的练习是在明确目标的指导下，超越舒适区，进行的全神贯注且有反馈的练习。只要坚定目标、专注实践、不断寻求反馈，以及勇于自我挑战，便能逐渐突破舒适区，实现自我提升。在这个过程中，时间不再是无意义的流逝，而是见证个人成长的里程碑。唯有通过有目的的练习，我们才能在人生道路上不断前行，迈向成功的彼岸。

【本章小结】

在这个飞速变化的时代，学习能力变得尤为关键。它是个体适应变化、实现个人和职业目标的重要因素。具备高学习能力的职场人士可以更快地掌握新技术、新工具，从而在竞争中保持领先。因此，终身学习已成为必要，具备持续学习的能力是职业成功的关键之一。

元认知是指个体对自己的认知过程的认识和调控。提高元认知能力有助于个人应对外部变化、提高个人学习能力，使个人在竞争中处于有利地位。学习力的重要组成要素包括积极意愿和动机、成人学习原理、信息获取和处理能力以及学习方法和策略。这些要素相互作用，共同影响元认知能力的发展。通过持续发展和优化这些要素，我们可以建立强大的学习力体系。

改进学习方法是提高学习效率和加深理解的关键，我们可以运用SQ3R阅读法、RIA便签读书法等方法实现更高效的学习。这些方法有助于我们更好地理解知识，提高学习效果。

知识体系对于学习和理解知识至关重要。建立知识体系有助于我们将知识点联系起来，形成一个完整的知识网络；还有助于我们加深对学科整体的认识，同时也能提高学习效率和记忆能力。为了进一步完善知识体系，我们可以通过组建学习圈和进行有目的的练习来提高学习效果。

组建学习小组可以让学习者相互鼓励、分享知识和经验，提高学习效果。在学习圈中，成员可以相互提问、讨论和解答问题，从而加深对知识的理解。学习圈有助于激发学习者的积极性和主动性，使他们在学习中取得更好的成绩。有目的的练习是在明确目标的指导下，超越舒适区，进行的专注的、具有反馈的练习。通过不断寻求反馈及调整，我们可以实现个人的成长和进步。有目的的练习有助于我们突破自我限制，不断提高技能和能力。

学习能力是我们适应变化、实现目标的关键。通过提高元认知能力、优化学习方法和建立健全的知识体系，我们可以培养强大的学习力。同时，组建学习圈和进行有目的的练习也是提高学习效果、实现自我提升的有效途径。

第九章
发掘问题分析与解决能力

对于大学生和职场新人来说，独立思考、快速应变的问题分析与解决能力在职场中显得尤为重要。这种能力不仅能够帮助我们应对挑战，抓住机遇，还能让我们更好地适应社会的发展，在激烈的竞争中脱颖而出，实现个人价值和梦想。全球化趋势的加剧、技术创新的快速发展以及职业市场的竞争压力，对我们的问题分析和解决能力提出了更高要求。在面对不同文化背景和新技术带来的挑战时，我们需要迅速识别问题的本质，提出有效的解决方案。这就需要我们不断地学习、实践、思考和创新，以提升我们的综合素质和应对复杂问题的能力。

问题分析与解决能力不仅是职业成功的重要因素，也是实现个人价值的重要途径。通过解决各种问题，我们可以锻炼思维能力和实践能力，提升综合素质，满足职业需求，实现个人价值，促进个人成长。因此，我们应该珍惜在校期间的学习机会，并积极参与各种学术研究和实践活动，注重培养自己的问题分析和解决能力。同时，我们还要树立终身学习的观念，不断提升自己的综合素质和应对复杂问题的能力。只有这样，我们才能更好地适应社会的发展，在激烈的竞争中脱颖而出，实现个人价值和梦想。

第一节 认识问题分析与解决能力

问题分析与解决能力是在面对挑战时至关重要的技能，它需要通过一系列的思考和实践来准确识别问题核心，深入挖掘问题根源，并提出有效解决方案。这一能力的培养涉及多个方面，需要我们具备以下几种关键能力。

问题识别是解决问题的第一步。在面对复杂多变的情况时，我们需要敏锐的洞察力和丰富的经验，以便准确定位问题的关键点。这种能力使我们能够迅速从大量信息中筛选出真正的问题，并为后续的解决方案提供基础。其次，分析问题是解决问题的核心环节。一旦问题被确定，我们需要深入研究和探讨。这包括运用逻辑思维、创新思维和批判性思维等，全面分析问题的成因、影响，及解决问题的可行性。同时，需要借助相关知识和理论，对问题进行深度剖析，找到问题的根源和解决方案。最后是解决问题。在完成问题分析后，我们需要提出多种可能的解决方案，并对这些方案进行评估和比较。在这个过程中，我们需要考虑方案的可行性、成本与效益等因素，以便选择最优的解决方案并加以实施。总之，问题分析与解决能力是一种高层次的思维能力，它要求我们在面对问题时能够准确地发现问题、深入分析问题，并最终提出且实施有效的解决方案。这种能力不仅有助于我们更好地应对生活中的各种挑战，也是在职场中取得成功的重要因素之一。

第二节 识别问题

问题是指实际状况与期望或标准状况之间存在不符的情况。在工作中，人们可能遭遇各种各样的问题，比如因个人工作能力有限而暂时无法完成工作任务，进而导致工作效率降低，或者因未寻找到正确方向，沟通不畅，使团队协作出现困难，又比如客户投诉等情况。因此，准确识别工作中的问题变得至关重要，以便更好地分析和解决问题。

一、用 5W2H 法界定问题

5W2H分析法，又称"七问分析法"，是一种广泛应用的系统性分析与思考方法。该方法最早起源于美国陆军兵器修理部，而后逐渐在企业和个人解决问题的过程中得到广泛应用。其包含的七个关键词如下。

什么（What）：明确我们要解决的问题或困难是什么。比如在职场中，我们可能会问："这个项目的主要目标是什么？""这个产品的主要功能是什么？"

为什么（Why）：找出问题发生的原因。比如我们可能会问："为什么这个项目会出现延误？""为什么用户会选择我们的产品？"

谁（Who）：明确哪些人或团队与问题有关。比如我们可能会问："谁是这个项目的主要负责人？""谁是我们的目标用户群体？"

何时（When）：确定问题发生的时间或时机。比如我们可能会问："这个项目计划在何时完成？""我们的产品何时上市？"

何地（Where）：确定问题发生的地点或环境。比如我们可能会问："这个项目的主要工作地点在哪里？""我们的产品主要面向哪些地区的市场？"

如何（How）：找出解决问题或实现目标的具体方法或途径。比如我们可能会问："如何优化这个项目的流程以提高效率？""如何提升我们产品的用户体验？"

多少（How much）：确定问题的数量或程度。比如我们可能会问："这个项目需要多少预算？""我们的产品预计能占到多大的市场份额？"

如果你的宿舍突然停电了，可以用5W2H分析法进行分析和界定。

什么（What）：问题是宿舍停电了。

为什么（Why）：原因可能是电路出了问题，或者是学校的停电计划。

谁（Who）：我需要联系宿舍管理员或学校相关部门。

何时（When）：我应该尽快解决这个问题，以免影响生活。

何地（Where）：这个问题发生在宿舍，我需要找到宿舍的电力控制室或者与相关部门沟通。

如何（How）：我可以先检查宿舍的电路，然后联系宿舍管理员或相关部门报修。

多少（How much）：解决这个问题可能需要一定的时间，我需要做好生活安排，等待电力恢复。

通过5W2H分析法可进行全面分析，找出问题根源，制订解决方案或实施计划。

二、建立解决问题的初始假设

通过麦肯锡大量的咨询实践证明，基于假设的决策方法在实际运用中具有高度的便捷性。该方法实施成本低，适用范围广，为解决各类问题提供了有效途径。在处理问题的过程中，为何要首先建立初始假设？这是因为初始假设有助于我们节省宝贵的时间，提升决策效率。面对复杂问题，大部分人习惯从头开始，对所有数据进行深入分析，直至找到答案。建立初始假设，我们可以直接跳至解决方案，再从解决方案返回到问题分析，过程将更为顺畅。这就像在迷宫游戏中，从终点开始寻找路径往往比从起点开始更为有效。因为从已知的答案出发，可以避免走入死胡同。通过建立初始假设，我们可以更迅速地找到解决问题的正确路径。比如你的腰部出现不适症状，你前往医院就诊。医生初步诊断后，可能会提出一些可能的病因，如腰椎间盘突出、腰肌劳损或坐骨神经痛等。通过进一步的观察和诊断，医生可能做出初步假设：病因在于腰椎间盘突出。然后医生可能会安排进行CT检查以确认这一假设。这里需要明确的是，初始假设仅仅是一个待验证的理论，并非最终诊断结果。如果初始假设正确，那么之后它将成为解决这一问题的关键；如果初始假设不正确，那么在验证过程中我们已经获得了足够的信息，为找到正确的答案奠定了基础。记录下我们的初始假设以及验证过程，实际上就是绘制通向问题解决方案的路线图的过程。

如何构建有效的初始假设呢？首先，我们需要明确问题的定义。这要求我们在工作正式启动之前就形成问题解决方案的基本框架。虽然这种做法看似不符合常规逻辑，但实际上它却是我们处理问题的重要原则。其次，我们需要对问题进行拆解和分析，将问题分解为若干个独立的组成部分，并为每个部分提出切实可行的解决方案。这一步的关键在于找出问题的关键驱动因素，以确保我们的假设具有针对性。最后，我们需要对初始假设进行严格的检验。我们需要问自己：这个假设是否能够解释问题？是否遗漏了任何关键因素？提出的解决方案是否切实可行并可验证？只有经过严格的检验和评估，我们的初始假设才能真正发挥其应有的作用。比如某兴趣班在招生宣传过程中发现，大部分试听课程的学生并未报名参加后续辅导课程。针对这一问题，我们进行了深入分析并提出了以下假设：师资水平不高，缺乏吸引力；课程时间安排不合理；后续跟进工作不到位；学费过高，超出家长预期。经过初步分析，我们认为"学费过高"可能是影响学生报名的主要原因。因此，我们提出相应的解决方案：开展学费优惠活动，降低学费以吸引更多学生报名参加辅导课程。

在本节内容中，我们认识到了建立解决问题的初始假设的重要性。这种方法在实际应用中被证明具有高度的便捷性和广泛的适用性，能够节省时间、提升效率。通过建立初始假设，我们可以直接跳至解决方案，从而更快地找到解决问题的正确路径。建立初始假设的关键在于明确问题的定义，对问题进行分解和分析，并严格检验初始假设。

三、用MECE原则分解复杂问题

在我们的日常工作与生活中，我们常常面临各种复杂的问题，这些问题使我们感到无所适从，难以找到解决的切入点。要想有效解决这些难题，我们需要学会将问题分解、分类，并按重要性进行排序。MECE原则（Mutually Exclusive Collectively Exhaustive），即"相互独立，彼此互斥，全面穷尽"，作为一种解决复杂问题的工具，它能够帮助我们理清逻辑思维，提高表达的准确性。

MECE原则在解决复杂问题方面有着重要的作用。它能够将庞大的难题分解成易于处理的子问题，并将这些问题罗列成清单。基于MECE原则形成的观点，具有清晰度和完整性，使我们能够更好地理解问题的本质。我们以车站退票业务为例，比如工作人员面临"服务窗口排队长、群众满意度低"这一复杂问题，我们可以利用MECE原则进行分解，分解出三个子问题：服务窗口数量不足，比如仅有一个服务办理窗口；业务办理人员过多，日常业务办理人流量较大；每单业务办理时间过长，每单业务办理时间可能是5分钟、10分钟，甚至更长。

通过这种方式，我们可以逐一验证这些子问题，这三个问题之间相互独立、完全穷尽，不存在任何交叉。解决这些问题，便能缩短排队时间、提高满意度。

关于"相互独立"，比如人可划分为男人和女人，两者相互独立。但如果说人分为男人、女人和老人，则不符合相互独立的要求，因为老人属于男人或女人。至于MECE原则的"全面穷尽"，我们真的能达到全面吗？实际上，在解决问题时，不一定能全面穷尽，抓住95%的问题即可，重点在把握主要问题和关键问题。

四、坚持用纸笔整理思路

尽管电子产品已使我们的工作和学习变得愈发便捷，但在提升逻辑思维能力方面，手写整理方法仍具备显著优势。这种传统方式有助于我们理清思路，发掘问题之间的关联，进而提升逻辑思考能力。相比之下，电子产品可能会分散我们的注意力，而手写整理则有助于我们集中思维，能减少无关信息的干扰。此外，手写整理过程也可以被视为一种认知活动，能够让大脑得到充分的休息，从而提高我们的工作效率。那么，如何利用纸笔整理法提升解决问题的能力呢？比如我们下周需要完成一份工作报告初稿，我们可以按照以下步骤进行。

记录想法：考虑报告中应涵盖的普遍性问题，可从微观角度和宏观层面进行思考。

撰写构思：将构思记录在纸上，不受逻辑顺序限制，随意排列，比如更新哪些制度、工作职能是否关联等。

审视与整理：花费2～3天时间，梳理想法与构思之间的联系，进行排序，以图表形式展示。从微观记录入手，呈现宏观问题，进而完成报告初稿。

通过这样的纸笔整理法，我们可以更好地理解问题的本质，发现各个问题之间的联系，从而提高我们的逻辑思考能力。

第三节 分析问题

在我们日常工作中，无论是处理公务、研修学业还是安排生活，总会遇到各类挑战。为了有效应对这些挑战，我们首先需明确问题所在，并寻求相应的解决方案。然而，有时问题本身可能成为我们思维的桎梏，使我们难以洞悉问题的全貌和本质。

一、学会"从零开始"思考

若要突破这种思维桎梏，我们就需培养一种"从零开始"的思考模式。"从零开始"的思考模式能使我们从更高的维度审视问题，进而深入把握问题的本质。我们可以通过三个步骤学会"从零开始"思考。

（一）跳出问题框架

面对问题时，我们往往受制于问题的表面现象。若要培养"从零开始"的思考模式，首先需摆脱问题本身的束缚，以更宏观的视野审视问题。比如当面对一个挑战时，不要局限于眼前的困难，而是尝试放眼整个局势，思考问题的根本原因和可能的解决途径。

（二）多角度解答

明确问题范畴后，我们可以从不同角度对当前面临的情况进行深入探讨，并努力给出答案。这有助于我们全面了解问题，从而把握问题的核心。比如，当我们试图提升写作能力时，可以从阅读更多的优秀作品、参加写作培训班、向专业人士请教等多个角度入手提高写作水平。

（三）寻找问题核心

有时，我们需要经过多次尝试才能触及问题的本质。在这一过程中，我们需要保持足够的耐心和毅力，不断探索、追问，直至找到问题的核心所在。比如在解决一个复杂的管理问题时，可能需要多次会议讨论、调查研究，甚至尝试不同的解决方案，才能最终找到最佳的解决途径。

以提升我们的写作能力为例，我们一起来体验一下"从零开始"的思考过程。我们最初的问题是：如何提升自己的写作能力？这个问题看似简单，实则包含了许多层面的含义。

首先，深入挖掘问题的根源，问自己："为什么要提升写作能力？"答案可能各不相同，但普遍来说，人们希望通过提升写作能力来锻炼自己的表达和逻辑总结能力。这种能力在日常生活和工作场景中都非常重要，它能帮助我们更清晰、准确地传达思想，更好地与他人沟通。进一步追问，"为什么要锻炼这些能力呢？"有些人可能是因为意识到自己在表达和逻辑方面的不足，希望通过锻炼来弥补这些短板；有些人可能是希望通过分享自己的人生经历，将自己的经验和感悟传递给他人；还有些人甚至将写作视为一种副业，希望通过写作赚取收入。

然而，真正的问题往往并非表面上看起来那么简单。在提升写作能力的过程中，我们逐渐发现，有些人面临的真正问题是"如何在工作中弥补短板"，而之前的写作仅是其中的一个突破口。这意味着，我们需要从更广泛的角度去思考和解决这个问题，不仅要在写作方面下功夫，还要在其他方面如沟通、逻辑思维等方面下功夫。通过"从零开始"的思考模式，我们能触及问题的核心，从而采取有效的解决措施，以不断提升自身解决问题的能力。

二、用SCQA分析法深入分析问题

SCQA分析法是一个帮助我们深入分析问题的有效工具，该方法源自《麦肯锡问题分析与解决技巧》。SCQA由四个英文单词的首字母组成，分别为状况（Situation）、障碍（Complication）、疑问（Question）和回答（Answer）。运用SCQA分析法，我们可以更快地发现问题并找到解决方案。

（一）确立目标

即确立问题的当事人，这可以是个人，也可以是企业。明确问题的当事人，有助于我们更有针对性地进行后续的分析工作。比如当事人是一个企业，那么我们就需要关注该企业在过去、现在和未来的发展状况与目标。

（二）现状分析

这一步需要我们深入了解当事者的过去经历、当前的状态以及心中的理想。这有助于我们全面了解问题背景，为后续的困境分析和解决方案提供基础。比如我们可以通过分析企业的历史业绩、市场地位以及未来发展计划，来了解企业的现状。

（三）难题描述

在这一步，我们需要设想一个颠覆当前稳定状态的事件，这将有助于我们识别问题所在。比如我们可以设想一个市场变革、政策调整或其他突发事件，分析这些事件对企业的影响，从而找出潜在的问题。

（四）设定疑问

在分析现状和描述困境的过程中，我们需要采用自问自答的形式，设想各种问题。这些问题可以涉及企业的战略规划、运营管理、市场营销等方面。通过深入探究问题的本质，我们将更好地理解问题所在。

（五）提出解决方案

针对设想的疑问，我们需要思考出相应的对策。这是解决问题过程中的关键环节，好的解决方案可以有效地应对问题，推动企业持续发展。比如针对我们之前设想的市场变革，企业可以采取调整战略方向、优化资源配置、加强创新能力等对策来应对。

接下来，我们就以早起困难为例，利用SCQA分析法进行分析。

第一，确立目标。在这个问题中，对象就是我们自己，我们很想培养早起的习惯，但总是难以坚持。

第二，现状分析。有时候，我们晚上会处理一些不紧急也不重要的事情，导致晚睡，影响了第二天的早起。

第三，难题描述。很多人在坚持一段时间早起后，往往会受各种因素影响而被打回原形，比如晚上熬夜，或者是情绪低落等。

第四，设定疑问。如何让自己可以坚持每天五点半准时起床？这是一个需要我们思考的问题，也是我们解决问题的目标。

第五，提出解决方案。我们提出的方案是每天晚上12点之前务必睡觉，同时每天早上5点30分按时与朋友一起跑步。这样，我们既能够确保充足的睡眠时间，同时也能够锻炼身体，从而更好地坚持早起。

从这个例子中，我们通过SCQA分析法清晰地认识到早起困难的现状和解决方案，也为我们培养早起习惯指明了方向。只要我们能够坚持执行方案，相信早起不再是一个困扰我们的问题。SCQA分析方法帮助我们对问题进行全面分析，并提出有效的解决方案。这有助于我们更好地把握问题的本质，从而更好地解决问题。在实际应用中，我们还可以根据问题的复杂性和实际情况，调整或细化分析步骤，以获得更好的分析效果。

三、用鱼骨图分析法分析问题的成因

鱼骨图分析法是一种问题分析和解决的工具，以图形化的方式整理问题和可能的原因，助力我们系统地分析问题的根本原因并寻找解决方案。这种方法的核心理念是将问题归因于不同的影响因素，进而识别问题的主要原因。鱼骨图分析法不仅有助于提高问题分析和解决的能力，还能促进团队协作和全面思考。绘制鱼骨图的基本结构主要包括以下几个方面。

一是确立问题。明确要解决的问题，并将其写在鱼骨图的头部。比如学习成绩下降、生产效率不高等问题。

二是绘制鱼骨图的基本结构。在白板或纸上绘制一条向右倾斜的横线，代表问题的中心"脊椎骨"。这条线应与鱼骨图的头部相对应。

三是列举主要因素。从脊椎骨向外延伸斜向下的线条，分别代表可能的主要因素。这些因素可以包括人员、机器、材料、方法、环境等。

四是分析具体原因。沿着每个因素的线条，列出可能导致问题的具体原因或子因素。这些原因可以是实际存在的，也可以是假设的。

五是探寻根本原因。针对每个具体原因，进一步挖掘其背后的深层次原因，以确定问题的根本原因。

六是讨论解决方案。在完成鱼骨图的基本结构后，团队可以通过讨论评估和验证每个原因的有效性，并针对最可能的原因制定相应的解决方案。

以解决学习成绩下降问题为例，我们可以运用鱼骨图法分析影响学习成绩下降的主要因素和成绩下降的根本原因。第一，确立问题，即学习成绩下降。第二，绘制骨架，在纸上绘制一条向右倾斜的横线，代表问题的中心。第三，列举可能的主要因素，如图9.1所示，学习成绩的好坏可能受外部干扰、学习态度、教师因素、课程因素、资源不足、学习习惯和健康状况等的影响。第四，针对每个具体原因，进一步探寻其背后的根本原因，比如缺乏学习动力、学习方法不当、注意力分散等。第五，讨论解决方案，针对根本原因制定相应的措施，包括设立学习目标、给予奖励、提供学习技巧培训等。

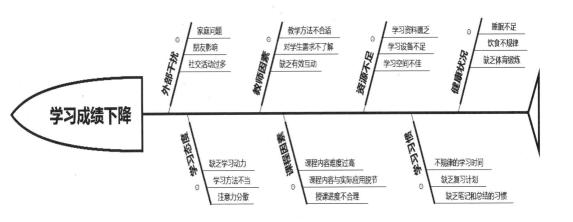

图9.1 学习成绩下降鱼骨图

通过鱼骨图分析法，我们将复杂问题分解为多个影响因素，逐步找出问题的根本原因。这种图形化的方法有利于团队协作、全面思考和系统性分析，从而提升问题分析和解决能力。在实际应用中，我们可以根据不同问题场景灵活调整步骤，以达到更好的分析和解决效果。

第四节 解决问题

一、用四象限图梳理工作任务找到解决方案

在职场，当我们接到工作任务后，如何快速地将上级的要求转化为行动方案呢？我们可以借助四象限思维对问题进行梳理，在充分考虑各种因素的基础上制定出具有可行性的方案。如图9.2所示，四象限图将过去和未来作为横轴，将具象思维和纵向思维作为纵轴，划分为四个象限：收集数据、分析原因、寻找方法、规划行动。

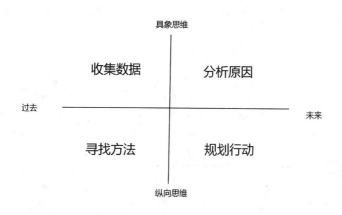

图9.2　四象限图

（一）收集数据

它涉及从各种渠道获取与任务相关的信息，以便我们能够更好地了解问题的背景和需求。在面对问题时，我们需要对其表现进行详细收集，明确上级的要求及其具体目标。在此基础上，进一步分析执行此事可能遇到的困难以及可利用的资源，以确保对问题的全面了解。

（二）分析原因

探寻问题的根源，对解决困难有至关重要的作用。针对困难产生的原因，我们需要思考如何解决，并对解决方案进行评估。在这个过程中，我们要仔细分析前因后果，以确保解决问题的有效性。基于已有的信息、资源支持和困难情况，寻找解决问题的方法。这一步骤的目标是制定出具有针对性的解决方案。我们需要根据实际情况，灵活运用现有资源，寻找最适合的问题解决方法。

（三）规划行动

对各个解决方案进行评估，规划实际行动，明确下一步的计划。这个过程需要我们充分考虑方案的可行性、效果，以及实施难度等因素。四象限法不仅是一种思维工具，更是一种行动指南。它是一个循环往复的过程，每当遇到问题时，我们都可应用此方法将问题转化为具体可行的行动，从而持续优化行动方案，提高工作效率。四象限法为我们提供了一种系统性的思考和行动计划框架，帮助我们更好地应对工作中的各种挑战。通过不断的应用和实践，我们可以不断提升自己的问题解决能力。

二、用"空雨伞"法及早发现并解决问题

在我们的工作、生活中，常常会遇到许多难以预料的情况，使我们难以提前做好准备。往往在问题发生后，我们才会后悔为什么没有提前预见这一切。《麦肯锡工作法》中提到的"空雨伞"法，就是一个可以帮助我们发现问题、做出预测和判断，并选择合适解决方案的有效方法。

空，指的是事实，也就是现实的情况。以我们一家在国庆出游为例，如果我打算带全家去辽宁朝阳度假，那么提前查看天气预报就是必要的。天气预报显示，朝阳的气温预计在14摄氏度左右，这就是当时的气温现状。

雨，是对现状的解释和预测。比如我知道武汉的气温那时是30摄氏度以上，与朝阳的气温相差很大。如果不做充分的准备，突然的气温变化容易

导致孩子们感冒或不适。

伞，就是结论和解决办法。为了全家人的健康，我决定既要带夏装，也要带一些厚点的秋装以抵抗低温。此外，我们还准备了雨具和防寒药品，以备不时之需。这样，无论天气如何变化，我们都能应对自如，享受愉快的假期。

通过"空雨伞"法，很好地帮助我们提前预测和判断了可能出现的问题，并找到合适的解决办法，从而避免问题发生时束手无策。这个方法可以帮助你更好地应对生活中的各种复杂情况，使你的决策更加明智和有条理。

三、用答案树明确解决方案带来的结果

我们的生活中充满了各种决策和选择。答案树是一种有助于我们解决决策困境的工具。答案树，顾名思义，它就像一棵生长在我们思维深处的智慧之树，通过其枝叶将各种可能的方案和结果清晰地呈现出来。它的运用并不复杂，而是需要我们耐心、细致地去描绘。

明确起点：我们需要清晰地提出问题并写下问题，作为答案树的根基。这就像在茫茫大海中找到一个明亮的灯塔，为我们接下来的思考指明方向。

挖掘方案：我们需要集思广益，尽可能多地思考和提出各种可能的方案。这些方案就是答案树的各个分支，它们代表着不同的可能性，各有千秋。

预见行动：对于每个方案，我们需要深入思考并预测如果我们选择这个方案，下一步的具体行动是什么。这是答案树上的叶子，它们代表着我们的行动和努力。

预测结果：每一步行动的背后都有其预期的结果。我们需要根据自身的认知和经验，尽量准确地预测这些结果。这些结果就是答案树上的果实，它们是我们追求的目标和成果。

选择方案：经过深思熟虑后，我们需要根据预测的结果来选择最佳的方案。这是答案树的最终目的，也是我们思考和决策的归宿。

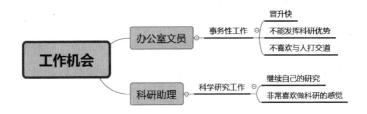

图9.3 工作机会选择答案树

如图9.3所示，我们以一个具体的例子来说明这个过程。一位名叫李华的大四学生面临着两条工作道路的选择。一个是成为办公室文员，过上安稳的生活；另一个是成为科研助理，踏上充满挑战与机遇的道路。此时，李华就可以使用答案树来辅助他做出决定。他先确定问题的起点：选择何种工作机会。接着他考虑各种方案：选择办公室文员还是科研助理。思考每种方案下一步的行动：如果选择办公室文员，他可能需要处理大量的行政事务；如果选择科研助理，他可能会参与各种科研项目。然后他预测每种行动的结果：成为办公室文员可能带来稳定的收入，但也可能使他失去进一步学习和发展的机会；成为科研助理可能面临更大的挑战和压力，但也可能获得更多的知识和成就。最后，李华根据自己的价值观和目标来选择最符合他心意的方案：他可能选择科研助理，因为他对科学研究充满热情和兴趣，同时也希望在工作中不断学习和进步。

在我们繁忙的生活中，面对诸多选择和决策时，答案树为我们提供了一种清晰的思维框架和决策工具。通过明确问题、挖掘方案、预见行动、预测结果以及确定最终选择方案，我们能够更加理性地进行决策，并且更加清晰地了解每个选择可能带来的结果。答案树不仅帮助我们做出正确的选择，而且它培养了我们的思维能力和决策能力，使我们在面对各种挑战和抉择时能够更加从容和自信。因此，掌握并灵活运用答案树的方法，将对我们的个人成长和职业发展产生积极的影响。

四、用"多权树法"明确目标方向

"多权树法"不仅仅是一个简单的思维工具，更是一种战略规划的艺术。它以一种独特的方式，引导我们系统地设定目标并实现目标，从而在工作、学习、个人成长等方面取得卓越的成果。这个方法的核心理念在于化整为零，将复杂的目标拆分为一系列具有可行性的小目标。通过这样的分解，我们能够更清晰地看到前进的道路，同时也更容易获得阶段性的成功感，进而激发前进的动力。

当我们运用"多权树法"时，首先需要设定一个明确、具体的主目标。这个目标必须具有可衡量性，以便我们能够准确地评估进度；它还需要有一个明确的截止时间，以提醒我们时间的紧迫性。以工作目标为例，一个合适的主目标可能是"在未来的三个月内，完成公司项目的上线工作"。这样的目标既具体又可衡量，而且有时间限制，使得整个过程更加具有挑战性和可操作性。在确立主目标后，我们需要将其分解为一系列的次级目标。这些次级目标应该是可实现的，而且每个目标之间的难度应逐渐递增。以学习目标为例，我们可以将主目标分解为每周掌握一定知识点的次目标。这样的次级目标既符合学习的规律，也考虑到了个体的实际情况。在制定次级目标时，关键在于确保每个目标都在自己的能力范围内，但又具有一定的挑战性。最后，我们需要制定具体的行动目标。这些行动目标应该是可执行的、可观察的，并且具有明确的衡量标准。比如为实现公司项目上线的目标，我们可以制定每日完成一定任务、定期与团队进行进展讨论等行动目标。每一个行动目标都应该对最终的成功有所贡献，同时它们间的相互配合也能保证整个目标的顺利实现。

总之，"多权树法"是一个富有智慧的战略规划工具。通过分步骤地设定主目标、分解出次级目标以及制定行动目标，我们能够更加清晰地看到前进的道路，同时也能够更加有效地实现目标。在使用这个方法时，我们应该注重目标的明确性、可行性和可衡量性，以确保整个过程既具有挑战性又充满希望。

【本章小结】

在职场中，我们需要具备问题分析与解决的能力。这包括问题识别、分析和解决三个方面，它们共同构成了一个完整的问题解决过程。

我们要学会运用5W2H法、建立解决问题的初始假设以及使用MECE原则来识别问题。5W2H法，即对问题进行七个方面的全面考虑，包括什么（What）、为什么（Why）、谁（Who）、什么时候（When）、在哪里（Where）、如何（How）以及多少（How much）。通过这种方法，我们可以全面地了解问题，从而为解决问题奠定基础。建立解决问题的初始假设则是预设一个解决问题的方向，方便我们在后续的分析过程中找到问题的症结所在。使用MECE原则，即相互独立、完全穷尽，它能帮助我们确保问题分析的全面性，避免遗漏任何重要的因素。

同时，我们需要掌握一些问题分析的方法，以便更深入地了解问题。这些方法包括"从零开始"思考、SCQA分析法以及鱼骨图法等。"从零开始"思考要求我们摒弃过去的惯性思维，重新审视问题，从而找到全新的解决路径。SCQA分析法则是指现状、冲突、疑问以及答案四个方面，它可以帮助我们理清问题的来龙去脉，找到问题的核心。鱼骨图法则是通过分析问题的原因和结果，找出问题的关键所在，从而有针对性地解决问题。

在问题解决阶段，我们可以采用四象限图、"空雨伞"法、答案树法以及"多权树法"等方法来寻找问题解决的思路。四象限图能帮助我们管理时间，确保问题解决的效率。"空雨伞"法是一种创意思维工具，它能激发我们的想象力，找到问题的独特解决方案。答案树法和"多权树法"则是通过层次分析法，从多个角度探讨问题的解决方案，从而提高问题解决的质量和效果。

综上所述，通过5W2H法、建立解决问题的初始假设、MECE原则等识别问题，运用学会"从零开始"思考、SCQA分析法、鱼骨图法等方法分析问题，以及采用四象限图、"空雨伞"法、答案树法、"多权树法"等方法解决问题，我们将能够更好地应对各种挑战，成为时代的领跑者。在学习、工作和生活中，我们要不断锻炼和提高自己的问题分析与解决能力，才能在激烈的竞争中立于不败之地。

参考文献

[1]庄静，吕磊.基于服务学习模式的应用型本科院校大学生职业素养提升探讨[J].农家参谋，2019(24)：227+233.

[2]平芸.大学生职业素养的培养[J].现代商贸工业，2007(1):54-55.

[3]李科利.大学生职业素养培养现状及其应对策略[J].中国电力教育，2009(22):170-172.

[4]马伟.新形势下提高大学生职业素养的策略[J].工会论坛(山东省工会管理干部学院学报)，2011,17(2):114-115.

[5]陈静，王繁，喻柯力.大学生职业素养培养机制研究[J].成都中医药大学学报(教育科学版)，2011,13(3):58-60.

[6]蒋珊珊.大学生职业素养重要性及培养对策研究[J].教育教学论坛，2013(18):135-136.

[7]戎静，姚国成.大学生职业素养教育现状及其路径探析[J].江苏理工学院学报，2014,20(3):105-108.

[8]郭长龙，姜庆华.浅谈高等职业院校大学生职业素养教育现状、问题与对策[J].中国大学生就业，2019(8):55-59.

[9]尹兵.新时代背景下的大学生职业素养提升探索与实践[J].智库时代，2018(32):125-126.

[10]宋继东，宋晓燕.高职院校学生职业素养教育现状与发展对策[J].教育与职业，2015(22):115-117.

[11]罗冬梅.大学生职业心理素养教育浅析[J].学习月刊，2013(2):70-71.

[12]林建华.论教师心理素养教育[J].江苏广播电视大学学报，2004(2):69-72.

[13]顾永安.试论现代教师的教育心理素养[J].南通工学院学报(社会科学版)，2004(1):64-67.

[14]刘雪光.中华优秀传统文化融入大学生职业生涯规划教育研究[J].

湖北开放职业学院学报，2022，35(20)：24-26.

[15]徐宇瞳，王春刚.文化自信视域下新时代大学生中华优秀传统文化素养的培育[J].汉字文化，2022(12)：174-177.

[16]姚慧.中华优秀传统文化教育与当代大学生思想道德素养提升研究[J].教育观察，2021，10(21)：39-41.

[17]任雁敏.大学生职业素养重要性及培养策略研究[J].教育与职业，2010(17)：79-80.

[18]曾天山.教育强国战略视域下职业素养的时代意蕴与培育路径[J].清华大学教育研究，2024，45(1)：120-128.

[19]保慧，孙兵.依托产教融合型企业提升高职学生职业素养的路径研究[J].教育与职业，2022(6)：84-89.

[20]简承渊，冯思潮.智能传播时代全媒体人才职业素养提升[J].中国出版，2021(12)：31-35.

[21]（美）克里·帕特森，约瑟夫·格伦尼.关键对话：如何高效能沟通[M].成都：四川人民出版社，2018.

[22]（美）史蒂芬·柯维.高效能人士的七个习惯[M].高新勇，王亦兵，葛雪蕾，译.北京：中国青年出版社，2021.

[23]（美）杰克·坎菲尔德，D.D.沃特金.吸引力法则[M].张彩，译.北京：光明日报出版社，2015.

[24]（美）马丁·塞利格曼.活出最乐观的自己[M].洪兰，译.杭州：浙江教育出版社，2021.

[25]（美）维克多·弗兰克尔.活出生命的意义[M].吕娜，译.北京：华夏出版社.2010.

[26]（以）泰勒·本-沙哈尔.幸福的方法[M].北京：当代中国出版社，2007.

[27]（美）瑞克·吉尔伯特.向上汇报[M].企业管理出版社，2014.

[28]（美）乌尔里希·伯泽尔.有效学习[M].张海龙，郭霞，译.北京：

中信出版社，2018.

[29] 赵周. 这样读书就够了[M]. 北京：中信出版社，2017.

[30] （日）高杉尚孝. 麦肯锡问题分析与解决技巧[M]. 郑舜珑，译. 北京：北京时代华文书局，2014.

[31] （日）大岛祥誉. 麦肯锡工作法——个人竞争力提升50%的7堂课[M]. 王柏静，译. 北京：中信出版社，2014.